Florian Mück

Der einfache Weg zum begeisternden Vortrag

Florian Mück

Der einfache Weg zum begeisternden Vortrag

5 Minuten Arbeit – 15 einfache Schritte –
50 Dos und Don'ts

REDLINE | VERLAG

Bibliografische Information der Deutschen Nationalbibliothek:
Die Deutsche Nationalbibliothek verzeichnet diese Publikation in der Deutschen Nationalbibliografie; detaillierte bibliografische Daten sind im Internet über **http://d-nb.de** abrufbar.

Für Fragen und Anregungen:
lektorat@redline-verlag.de

2. Auflage 2016

Nymphenburger Straße 86
D-80636 München
Tel.: 089 651285-0
Fax: 089 652096

Redaktion: Desirée Šimeg, Gersthofen
Umschlaggestaltung: Karen Schmidt, München
Umschlagabbildung: istockphoto.com
Abbildungen: Florian Mück
Satz: Carsten Klein, München
Druck: GGP Media GmbH, Pößneck
Printed in Germany

ISBN Print 978-3-86881-630-3
ISBN E-Book (PDF) 978-3-86414-899-6
ISBN E-Book (EPUB, Mobi) 978-3-86414-898-9

Weitere Informationen zum Verlag finden Sie unter

www.redline-verlag.de

Inhalt

Vorwort

Als ich vor einigen Jahren Florian Mücks erstes Buch *The Seven Minute Star* gelesen habe, war ich beeindruckt von seiner Begeisterung und seinem Feingefühl für Rhetorik und die freie Rede. So sehr, dass es mich veranlasst hat, ihn regelmäßig als Rhetoriktrainer für meine Führungskräfte zu buchen. Seither habe ich Florian Mück als engagierten und begeisternden Redner kennengelernt. Er weiß genau, wie man die Aufmerksamkeit des Publikums auf sich zieht und nicht mehr loslässt.

Beim Lesen dieses Buches ist mir ein Fakt besonders in Erinnerung geblieben. Florian Mück schreibt, dass es Rankings zum Thema größte Ängste der Menschen gibt. Die freie Rede findet sich meist unter den Top 3. Als aktiver Motivationsredner kenne ich die Anspannung vor einem Auftritt und kann Ängste verstehen. Es ist dieser Moment der Wahrheit, bevor man den ersten Satz spricht, von dem so vieles abhängt. Wird es mir gelingen, das Publikum zu erreichen, zu fesseln? Werde ich klare Botschaften vermitteln, die in Erinnerung bleiben? Schaffe ich es, meine erdachte Struktur und den Flow meiner Rede so umzusetzen, wie ich es mir vorgenommen habe? Aber: Ängste hindern uns daran, das Geschenk des Lebens ganz zu genießen und perfekte Augenblicke zu erleben. Einen begeisternden Vortrag zu halten kann zu einem perfekten Augenblick werden. Wie ein Fallschirmsprung, der ja anfangs Angst und später immer wieder Anspannung auslöst. Aber in der Überwindung der Angst kommt es beim Fallschirmsprung wie auf der Bühne zu einem besonderen Erlebnis. Begeisterter Applaus ist für den Redner das Gleiche wie die sichere Landung des Fallschirmspringers nach einem erfüllenden Sprung in die Tiefe.

Der gut vorbereitete, erfolgreiche Redner gibt seinem Auditorium viel – und er nimmt etwas mit. Es ist idealerweise das Gefühl, zahlreiche Menschen inspiriert und bereichert zu haben. Deshalb müssen wir lernen, unsere Ängste zu überwinden und abzuspringen.

Vor den Erfolg aber haben die Götter den Schweiß gesetzt – gute Rede will trainiert werden, sie braucht Struktur, Inhalt und Emotion. Florian Mücks Buch beschreibt sehr anschaulich, wie man es in 15 Schritten schafft, selbstbewusst und erfolgreich eine freie Rede zu halten. Florian Mück hilft den Lesern mit praxisnahen Tipps und humorvollen Anekdoten ihre Ängste zu überwinden, um schon bald als erfolgreicher Redner und unter tobendem Applaus die Bühne zu verlassen.

Jochen Schweizer – Ex-Stuntman, Unternehmer und Bestsellerautor
»Der perfekte Augenblick«

Ein Berg ohne Gipfel

Der Verkehr war laut, der Himmel blau – ein ganz normaler Dienstagabend in Barcelona. Doch dieser Abend sollte mein Leben für immer verändern. Am 4. Oktober 2005 besuchte ich zum ersten Mal einen Toastmasters Club.[1] Es waren die Prestigious Speakers Barcelona. Ich begegnete dort Menschen aus aller Welt, die sich trafen, um Reden zu halten und Feedback auszutauschen.

Nach dem zweistündigen Meeting dachte ich: »Wow, Menschen, die sich freiwillig treffen, Reden halten und sich mit positivem und konstruktivem Feedback helfen, besser zu werden. Eine Klasse ohne Lehrer!« Ich war begeistert und meldete mich sofort an. Die freie Rede wurde zu meiner größten Leidenschaft im Leben.

Im Juli 2009 startete ich meine professionelle Reise als Trainer und Vortragsredner. Aus meiner Berufung wurde Beruf. Und auch wenn es eine harte Zeit war, auch wenn ich zweieinhalb Jahre keine neuen Jeans kaufen konnte, es war für mich die beste Entscheidung.

Als ich diese Zeilen schreibe, habe ich bereits mehr als fünftausend Vorträge bei fünfundvierzig Kunden in siebzehn Branchen in zehn Ländern und in drei Sprachen erlebt und evaluiert. Dank all dieser rhetorischen Erlebnisse habe ich eines gelernt: Die freie Rede ist ein Berg ohne Gipfel. Perfektion gibt es nicht; wir erklimmen diesen Berg immer weiter und weiter.

Mit der freien Rede ist es wie mit allem im Leben: Meine ersten Schritte waren beschwerlich. Doch mit viel Übung und viel

Feedback fühlte ich mich mit der Zeit immer sicherer. Hier geht jeder sein Tempo, jeder startet auf einem anderen Niveau, aber das Schöne ist: Alle kommen voran!

Dieses Buch beschreibt fünfzehn Schritte, wie du aus deinen Reden und Präsentationen Vorträge machst, die begeistern. Sie ebnen den »einfachen« Weg zum begeisternden Vortrag! Die Basis bilden Selbstvertrauen und Emotion (Schritt 1 und 2). Ohne sie kannst du kein Publikum der Welt begeistern. Schritt 3 ist der für mich »heilige« erste Satz. Die Schritte 4 bis 7 sind Inhaltsschritte. Der Inhalt wird Trumpf – mithilfe von Struktur, rhetorischen Mitteln, Zitaten und persönlichen Geschichten. Doch nicht umsonst sagen viele professionelle Redner: Der Inhalt wird überbewertet. Deshalb stellen die Schritte 8 bis 11 sicher, dass dein Inhalt auch Trumpf bleibt, durch visuelle Hilfsmittel, Blickkontakt, Körpersprache und Stimmvariation.

Das erste Basislager wirst du mit diesen elf Schritten erreicht haben. Doch um dein Publikum zu begeistern, von den Stühlen zu reißen, deinen Vortrag im Langzeitgedächtnis der Zuhörer zu verankern, musst du die letzten, noch anspruchsvolleren vier Schritte gehen: Humor, Leidenschaft, Enthusiasmus und Lächeln.

Den Gipfel wirst du nie sehen, aber einen Wahnsinnsausblick hast du von da oben! Du wirst in freudestrahlende Gesichter im Publikum blicken. Du wirst funkelnde Augen und anerkennendes Nicken sehen. Wenn du von der Bühne gehst, wirst du Hände schütteln und Gratulationen für deinen begeisternden Vortrag entgegennehmen.

Diese fünfzehn Schritte bilden den ersten Teil dieses Buchs. Teil 2 sind fünfzig Dos and Don'ts, Muster für noch begeisterndere Reden, die ich im Laufe der Jahre gesammelt habe.

Aber alles der Reihe nach. Bist du bereit für Schritt 1? Los geht's!

Teil 1:
15 Schritte zum begeisternden Vortrag

Schritt 1: Selbstvertrauen

Katzen, Rottweiler und New Orleans

New Orleans, Jazz, Mardi Gras – das historische Französische Viertel mit seinem vibrierenden Nachtleben! Es ist das Jahr 1995. Zusammen mit meinem Fußballkumpel Dirk schlendere ich die berühmte Bourbon Street entlang. Es riecht nach Popcorn. Neben uns geht eine Amerikanerin mit blonden, schulterlangen Haaren. Ihr Bier versteckt sie in einer Papiertüte. In der Ferne hören wir Straßenmusiker. Jazz vom Feinsten.

Plötzlich stehen wir vor einem der größten Karaoketempel der Welt, dem Cats Meow! Wenige Tage zuvor hatte ich Frank Sinatras *My Way* zu meinem neuen Lieblingslied erkoren. Also nichts wie rein!

Es ist früher Nachmittag, wir passieren die Bühne. Dort drehen bereits ziemlich angetrunkene amerikanische College Girls durch: Bon Jovi, 130 Dezibel laut.

»O.K., die können das hier!«, denke ich. Dirk nickt auch anerkennend. Erstmal ab an die Bar. Happy Hour – drei Budweiser zum Preis von einem. O.K., noch eine Runde. Gleich gehe ich zum DJ und melde mich an. Gleich …

Nach vier Runden verlassen wir das Cats Meow.

Ich bin nie auf diese Bühne gegangen. Ich habe nie *My Way* im Cats Meow gesungen. Das ist ein großer Stachel in meinem

Stolz. Ich war damals einundzwanzig Jahre alt und mir fehlte noch eine entscheidende Zutat. Ohne diese Zutat kann es keinen großen Redner und auch keinen großen Karaokesänger geben: Selbstvertrauen.

Heute frage ich meine Trainingsteilnehmer daher: »Wenn du nicht an dich selbst glaubst, wer soll dir dann glauben?«

Stell dir vor, du bist eine Katze. Und jetzt stell dir vor, dass du einen Vortrag hältst – vor fünfhundert Rottweilern. Der Terminus »feindliches Publikum« müsste neu definiert werden. Doch du nimmst die Herausforderung an. Du spürst, wie das Adrenalin in deine Adern schießt. Irgendwie magst du es. Du trittst auf die Bühne. Die knurrende und bellende Menge da unten könnte dich unsicher oder ängstlich machen. Doch anstelle von Angst fühlst du Inspiration. Du bist sogar enthusiastisch, weil du weißt: Das, was du zu sagen hast, ist wichtig. Mit einem majestätischen »Miau« schneidest du durch den Lärm im Saal. Mit starker Stimme beginnst du zu schnurren. Du *bist* das Cats Meow! Du kannst es, du machst es, weil du von der Schwanzspitze bis zum Schnurrhaar mit einem wundervollen Elixier erfüllt bist: Selbstvertrauen.

Selbstvertrauen ist die Basis der freien Rede.

Tauche ein in deine Erinnerungen! Erinnere dich an die letzte Person, die du etwas hast präsentieren sehen. Siehst du die Szene? Gut. Wie sah der Redner aus: Nervös? Angespannt? Ein kleiner Räusperer hier, ein nervöses Kichern dort? Fing die Präsentation an mit einem langen, störenden »Ähm« und einem nichtssagenden »Ja, also …«? War der Raum noch voller Knurren und Bellen, als er zu reden begann? War der Redner ein »Archäologe«, der während seines Vortrags nur auf den Boden starrte? Oder ein »Visionär«, der die Fenster im Gebäude gegenüber zählte, weil sein Blick in die Ferne schweifte? Oder ein »Psychopath«, der immer zwei Zentimeter über den Köpfen ins Leere blickte?

Verdammtes Lampenfieber

Lampenfieber ist eines dieser Dinge, die niemand braucht. Woher kommt es? Als ich am Ende meines Studiums auf einem Assessement-Center in Bonn war, musste ich vor meinen mehr als zwanzig Mitstreitern im Sitzen – im Sitzen! – lediglich sagen: »Hallo, ich bin Florian, ich studiere BWL in Bamberg mit Schwerpunkt Marketing und ich bin hier, um meinen zukünftigen Arbeitgeber zu finden.« Warum in Gottes Namen konnte ich das nicht sagen ohne einen Mund, der trockener war als die Sahara? Ohne einen Herzschlag, der meinen Hals erschlägt? Ohne Handflächen, die feuchter sind als der Regenwald in Borneo?

Als ich einmal ein Moderationsseminar von Bernhard Pelzer, einem alten Freund aus Berater-Tagen, besuchte, erklärte dieser, dass ein Moderator bei größeren Gruppen immer Untergruppen von fünf Leuten fokussieren sollte. Warum? Ganz einfach: Vor langer, langer Zeit saßen unsere Vorfahren auf Bäumen. Die durchschnittliche Gruppengröße betrug … fünf! Als wir noch Fell trugen, war fünf die magische Zahl. Dies scheint tief in unserem Kleinhirn verankert zu sein.

Ein Beispiel: Ich bin schon öfter als erster Gast auf Partys erschienen. Fast immer der gleiche Film – grandios! Der nächste Gast kommt, drei Leute reden miteinander. Der vierte kommt, eine Gruppe. Der fünfte, eine Gruppe. Der sechste stößt dazu, zwei Gruppen.

Irgendwann sind unsere Vorfahren von den Bäumen heruntergestiegen. Wir entwickelten uns weiter. Von diesem Moment an, unten und auf freiem Feld, lernte unser Kleinhirn jeglicher Gruppe von Fremden zu misstrauen. Besonders Gruppen von mehr als fünf Gestalten. Das Kleinhirn schreit panisch: »Die Typen da drüben wollen dich plattmachen. Halt deine Schnauze und verschwinde! *Sofort!*« Das Letzte, was dein Kleinhirn will, ist, dass du deinen Mund aufmachst und zu ihnen sagst: »Hey, Jungs, was geht?«

All das hat sich in den Jahrtausenden nicht geändert. Als ich dreizehn Jahre alt war, nahm ich als Soloklarinettist an einem Konzert teil. Vor mir saß eine große, dunkle, angsteinflößende Menschenmenge. Mehr als dreihundert Seelen, die alle mit Sicherheit die meinige rauben wollten. Ich machte mir fast in die Hose. Ich höre noch heute mein Kleinhirn kreischen: »Renn weg – *jetzt*!«

Auch wenn diese Gefühle echt scheinen, auch wenn du in diesem Moment nichts lieber tätest als wegrennen – aufgeben ist keine Option! Nicht für dich, nicht für irgendwen, der eine freie Rede hält. Das Publikum gibt dir immer einen Vertrauensvorschuss. Was es jedoch niemals sehen will, ist eine ängstliche Kreatur, die nichts anderes will, als wieder auf ihrem Stuhl zu sitzen.

Doch wie kannst du dein Lampenfieber besiegen? Wie kannst du mehr Selbstvertrauen gewinnen?

Die Gaußsche Kurve der Wahrnehmung

Zunächst einmal ist es wichtig, dass du eines verinnerlichst: Das, was du denkst, das alle denken, ist nicht das, was sie wirklich denken.

Bevor ich Toastmaster wurde, dachte ich immer, ich wüsste genau, was andere von mir dachten, wenn ich eine Rede hielt oder etwas mit Powerpoint präsentierte. Dann erhielt ich in meinem Rednerclub Feedback[2], und zwar bergeweise! Mir wurde dadurch schnell klar, dass ich mein ganzes Leben lang betrogen worden war, und zwar von meiner inneren Stimme.

Vor diesem Schlüsselerlebnis hatte ich meine innere Stimme stets für eine perfekte Ratgeberin gehalten. »Tu das nicht!«, flüsterte sie mir zu. »Das geht nicht, was werden die anderen von dir denken?« Oder: »Wenn du das jetzt sagst, denken alle, du bist ein Vollidiot!« Oder: »Melde dich jetzt bloß nicht, Freiwillige sind Verlierer!«

Der amerikanische Managementexperte Ken Blanchard hat einmal gesagt: »Feedback ist das Frühstück der Sieger.« Und ich habe verdammt viel gefrühstückt! Heute weiß ich, die Wahrnehmung des Publikums ist nicht diejenige, welche ich zu kennen glaube. Die Wahrnehmung des Publikums folgt vielmehr der Gaußschen Kurve, der Normalverteilung von Carl Friedrich Gauß, dem deutschen Mathematiker.

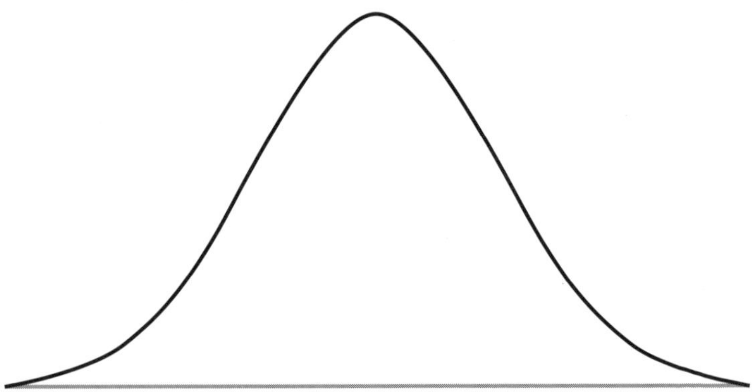

Gaußsche Kurve

Das bedeutet: fünf bis zehn Prozent des Publikums denken immer, dass du ein Vollidiot bist, und fünf bis zehn Prozent sind stets der Ansicht, du seist ein Genie.

Wenn du das einmal verstanden hast, bist du viel freier als Redner. Du weißt, deine innere Stimme ist nur ein Punkt auf der Kurve, und zwar oft ganz links, im Minusbereich.

Wie oft habe ich schon die Aussage gehört: »Aber das kann man doch nicht machen!« Meine Antwort darauf ist immer dieselbe: »Woher weißt du das? Hast du es schon einmal ausprobiert? Hast du danach um Feedback gebeten? Woher weißt du, was du alles *nicht* machen kannst?«

Ohne Feedback treiben Redner in einem Meer der Ignoranz, durch Feedback hingegen steigt das Selbstvertrauen. Jedes Feedback zwingt unsere innere Stimme zum Rückzug. Mehr Feedback, weniger innere Stimme. Weniger innere Stimme, mehr Selbstvertrauen. Meine Empfehlung: Geh nach jedem Vortrag zu deinen Kollegen, Freunden oder Bekannten und stell ihnen zwei Fragen:

- Was hat euch gefallen?
- Was hätte ich besser machen können?

Der Teufelskreis des Selbstvertrauens

Durch kontinuierliches Feedback lernte ich sehr schnell, dass meine eigene Meinung weniger wert ist als ein gefälschter Picasso. Es geht in der freien Rede ausschließlich um Folgendes: Was hören *die anderen*? Was sehen *die anderen*? Was und wie nehmen *die anderen* mich und meine Rede wahr?

Wie es um dein Selbstvertrauen steht, machen andere an drei Elementen fest. Ich nenne es das »Triumvirat des Schreckens«: direkter Blickkontakt, offene Körpersprache, Stimmvariation. In diesem Buch entsprechen Sie den Schritten 8 bis 10.

In der Regel sprechen wir Menschen viel Selbstvertrauen zu, wenn sie uns in die Augen schauen, wenn sie sich nicht hinter steifen Gesten wie Angela Merkels Raute verstecken und wenn sie ihre Stimme variieren, besonders im Volumen. Wer kein Selbstvertrauen hat, tut das genaue Gegenteil. Das ist der Teufelskreis des Selbstvertrauens: weniger Triumvirat, weniger wahrgenommenes Selbstvertrauen. Weniger wahrgenommenes Selbstvertrauen, negativeres Feedback. Negativeres Feedback, geringeres Selbstvertrauen. Geringeres Selbstvertrauen, weniger Triumvirat …

Du musst diesen Teufelskreis durchbrechen. Dafür gibt es zwei wunderbare Werkzeuge, die ich persönlich auch leidenschaftlich lebe und liebe.

Karaoke und Toastmasters

Wie bereits gebeichtet: Ich bin 1995 nicht auf die Bühne im Cats Meow in New Orleans gegangen. Doch heute liebe ich Karaoke!

Ich erinnere mich an einen Abend in Barcelona im Jahr 1998, während meines Erasmus-Austauschstudiums. Ein Jahr lang nichts tun, außer den eigenen Horizont zu erweitern. Fantastisch! An jenem Abend saß ich mit meinen Freunden Rod und Phil, zwei Irish-Pub-Besitzern, in einer etwas heruntergekommenen Karaokebar mit Stil. Es war schon nach fünf Uhr morgens. Ich hatte gerade noch einen Cuba Libre bestellt, als ich plötzlich den DJ höre, wie er sich abmüht, einen ausländischen Namen auszusprechen: »Flo-Froilän … Florián Muck y *My Way*!«

Panisch schaue ich nach rechts. Dort sitzt Rod mit einem breiten Grinsen in seinem philippinischen Gesicht. »No f*** way, Rod, I'm not going!«, zische ich. Doch Widerstand ist zwecklos. Er begleitet mich nach vorne.

Müde Augen an runden Tischen starren mich an. Ein Spießrutenlauf. Rod kommt sogar mit auf die Bühne. Er will mich beim ersten Karaokeauftritt meines Leben unterstützen. Doch dann passiert etwas völlig Unerwartetes. Als die ersten Akkorde von *My Way* erklingen, ist mein Lampenfieber wie weggeblasen und meine innere Stimme raunt mir zu: »Hey, was macht der da neben dir?« Ich will den Ruhm alleine ernten.

Seit dieser Nacht bin ich Karaokefan. Aus diesem Grund ist Karaoke, besser gesagt: A-cappella-Karaoke ohne Musik, fester Bestandteil in meinen Trainings. Immer wieder ein Highlight, wenn Nichtfreiwillige vor ihren Kollegen Hänschen Klein zum Besten geben. Selbstverständlich verbunden mit einem nachfolgenden Applaus-Tsunami. Kann es etwas Peinlicheres geben? Ich empfehle dann immer, nachts in schäbige Karaokebars zu gehen und vor fünfzig Betrunkenen stocknüchtern *My Way* zu singen. Für mich gibt es auf diesem Planeten keinen besseren Turbolader für das Selbstvertrauen – mal abgesehen von den Toastmasters.

Ich muss sagen: Für mich gibt es ein Leben vor und nach dem 4. Oktober 2005, meinem ersten Toastmasters-Meeting. Im Jahr 1924 von Ralph C. Smedley, einem YMCA-Manager in Santa Ana, Kalifornien, gegründet, ist Toastmasters heute ein weltweit führender Rednerclub. Im Jahr 2015 gab es mehr als 300.000 aktive Vereinsmitglieder in mehr als 15.000 Clubs weltweit. Bei den Zusammenkünften werden fünf- bis siebenminütige Reden gehalten und jeder Redner erhält konstruktives Feedback von anderen Vereinsmitgliedern.

Es gibt einige Rankings darüber, welches die größte Angst eines Menschen ist. Die freie Rede ist meist unter den Top 3. Bei Toastmasters besiegen wir unsere Angst. Toastmasters ist ein Megabooster für das Selbstvertrauen. Doch nicht nur das, wir werden zudem süchtig nach dem Auftritt. Wir wollen, wir brauchen das Rampenlicht.

Mit dem Selbstvertrauen, das ich dank Karaoke und Toastmasters gewonnen habe, werde ich eines Tages zurückkehren in die Bourbon Street. Ich werde keine drei Budweiser bestellen, sondern schnurstracks auf die Bühne zusteuern. Dem DJ werde ich ein bestimmtes *Jetzt* mit einem kurzen Nicken andeuten. Die ersten Akkorde werden den Raum in pure Emotion verwandeln. Ich werde Luft in meine Lungen pumpen und dann werde ich anfangen zu singen: »And now the end is near …«

Wenn du nicht an dich selbst glaubst, glaubt dir keiner. Selbstvertrauen ist die Basis von allem. Mit dieser Basis bist du bereit für Schritt 2. Fernab der Bühne wirst du lernen, dich zu öffnen wie nie zuvor. Bist du bereit für emotionale Transparenz und Verletzlichkeit?

Schritt 2: Emotion

Die Brücke der Sympathie

Stell dir zwei Eisbergspitzen vor, die nebeneinander im eiskalten Atlantik treiben. Das ist eine Metapher für zwei Personen, die sich nicht kennen und sich auf einer Cocktailparty treffen. Person A kennt Person B nicht. Was ist ein typischer Eisbrecher auf Cocktailpartys? Was ist ein typisches Einstiegsthema? Richtig: das Wetter! »Ganz schön kalt heute in Berlin!« – »Ja, verdammt kalt!« Mit so viel Tiefgang im Heck geht es auch gleich munter weiter: »Was machst du so?« Der Job – genau! Und was kommt als Nächstes, wenn es zwei Männer sind? Fußball. Und bei zwei Frauen? Mode. Wetter, Job, Fußball, Mode – alles bleibt schön oberflächlich. Small Talk eben!

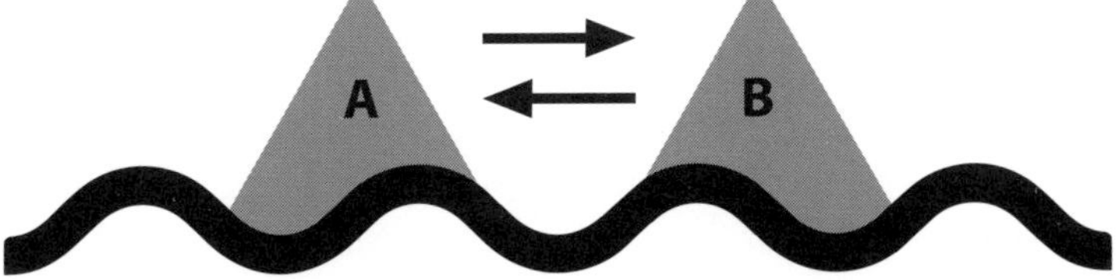

Oberflächliche Konversationen

Das Problem: Es ist gar keine Cocktailparty. A bist du, der Redner, B ist dein Publikum. Doch du machst genau dasselbe: Alles bleibt schön oberflächlich: Zahlen, Daten, Fakten, Umfragen,

Statistiken, Wertschöpfungsketten, Win-win-Situationen, kritische Massen, Qualität, Effizienz, Lösungen ... Ausschließlich oberflächliches, generisches »Business-Bla-Bla«.

Sicherlich, du informierst dein Publikum – vorausgesetzt dass es sich dafür interessiert und deine Informationen für relevant hält. Aber freie Rede ist so viel mehr! Für mich dreht sich die freie Rede vor allem um eines: Verbindung. Verbindung mit dem Publikum. Verbindung mit dessen Verstand, mit dessen Herz.

Das Schlimme für uns Redner ist, dass ein Mann schon alles erfunden hat, was es zu erfinden gibt. Seitdem können wir das Rad nicht neu erfinden, wir können es nur anders anmalen. Der Islam nennt ihn den »ersten Lehrer«. Er war der Schüler von Platon und Lehrer von Alexander, dem Großen. Er wusste alles. Philosophie, Philologie, Mathematik, Biologie – der Mann hat Biologie erfunden! Er war ein wandelndes Wikipedia. Dieser Mann hat ein Buch geschrieben, das den holprigen Pfad der überzeugenden Kommunikation für immer begradigt hat. Der Mann, von dem ich spreche, heißt Aristoteles (384–322 v. Chr.), und sein Buch *Rhetorik*.

In der Rhetorik, der Kunst der Rede, dreht sich alles darum, wie wir Menschen überzeugen und zu Handlung bewegen können. Demosthenes, Zeitgenosse von Aristoteles und ebenfalls Superstar der Rhetorik, meinte: »Jede Rede erscheint eitel und nichtig, sobald die Tat ihr nicht Nachdruck gibt.« Von den vier Zielen der freien Rede – informieren, unterhalten, überzeugen und inspirieren – ist das Überzeugen von anderen für mich das relevanteste.

Hast du selbst Kinder oder kennst Eltern? Dann weißt du: Es ist manchmal alles andere als leicht, die kleinen Engel zu überzeugen und zu Handlung zu bewegen. Menschen zu überzeugen ist wie einen Güterzug mit bloßen Händen zu stoppen. Wir brauchen felsenfeste Argumente in unserer Kommunikation. Und diese sind laut Aristoteles dreifältig. Ich nenne sie die »drei Säulen der Rhetorik«: Wir überzeugen Menschen mit logischen Argumenten (Logos), zum Beispiel Marktanteil oder Umsatzwachstum. Wir überzeugen Menschen mit Glaubwürdigkeit (Ethos), zum Beispiel Reputation, Expertise, Autorität. Und wir überzeugen Menschen mit Emotion (Pathos). Wenn ich alle Reden, die ich erlebt habe, Revue passieren lasse, weiß ich, welche Säule mit Abstand den größten Einfluss auf mich hatte: Emotion, also Pathos, schlägt alles.

Emotion liegt unter der Oberfläche. Deshalb empfehle ich dir, ob auf Cocktailpartys oder auf einer Bühne vor über tausend Menschen: Spring ins eiskalte Wasser wie Leonardo di Caprio in *Titanic* und suche, jedoch ohne unterzugehen, nach der »Brücke der Sympathie«, wie ich sie nenne.

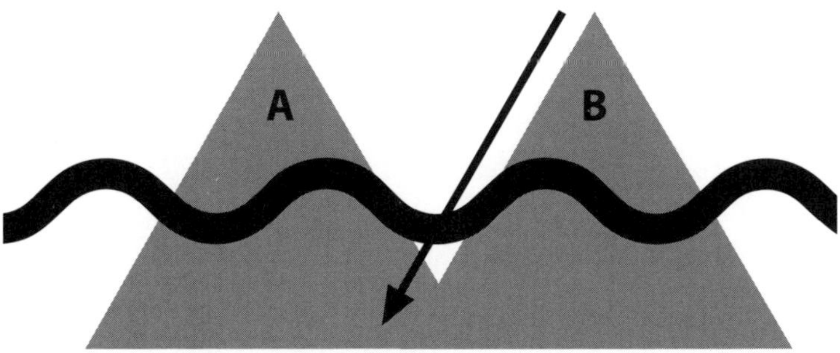

Suche nach einer »Brücke der Sympathie«

Die Brücke der Sympathie verbindet dich mit deinem Publikum. Themen, die verbinden, sind nicht Zahlen, Daten, Fakten und schwammige kritische Massen. Nein, das sind ganz andere Themen, menschliche Themen. Die sieben Todsünden zum Beispiel: Hochmut, Habgier, Wollust, Wut, Maßlosigkeit, Neid, Faulheit.

Oder Respekt, Stolz und Anerkennung. Was ist mit Niederlagen, Fehlern und Reue, was mit Liebe, Leidenschaft und Erfolg?

Alles, was uns Menschen verbindet, ist emotional. Und was machen wir, gerade im Business? Wir vermeiden es tunlichst, Emotionen zu zeigen. Emotion aus, Logik an. Unglaublich!

Verbindung braucht Emotion, und emotionale Transparenz ist der Verbinder Nummer eins. Gänsehaut schlägt Powerpoint. Es könnte so einfach sein. Doch wie sagte bereits Voltaire, der französische Schriftsteller und Philosoph (1694–1778), so schön: »Gesunder Menschenverstand ist nicht so verbreitet.« Dieser gesunde Menschenverstand hört für mich bei einem Vorurteil auf, das so viel wiegt wie alle Gebäude von Manhattan zusammen.

Der Emotion-geht-nicht-Mythos

Umso länger ich mich mit der freien Rede, Rhetorik und Kommunikation generell beschäftige, umso weniger verstehe ich, warum wir Menschen ständig annehmen, dass bestimmte Dinge nicht funktionieren. Benny Hill, der große englische Komiker, hat es in einem Sketch humorvoll auf den Punkt gebracht: »When you ASSUME you make an ASS out of YOU and ME.« Nichtsdestotrotz nehmen wir an, dass Business und Emotion auf keinen Fall zueinander passen können. Woher kommt das? Liegt es daran, dass die Geschäftswelt heutzutage von Bankern, Beratern und Anwälten regiert wird, zugegebenermaßen drei eher emotionsschwachen Vertretern unserer Spezies?

Was auch immer der Grund sein mag, diese Annahme ist jedenfalls absoluter Schwachsinn. Der Mensch hat zwei Gehirnhälften, eine rationale (Logos) und eine emotionale (Pathos). Dreimal darfst du raten, wer gewinnt, wenn die beiden sich streiten. Ich sage meinen Seminarteilnehmern immer: »Pathos soll Logos nicht ersetzen. Aber ihr müsst Pathos zu Logos hinzufügen. Oder, noch besser, euer Logos in Pathos wickeln.« Die entscheidende Frage lautet demnach: Wie kannst du mehr Gefühl, mehr Emotion in deinen Vorträgen verankern, egal in welche Kontext? Im Folgenden stelle ich vier Emotionsanker vor.

I have a dream

Als der große Martin Luther King jr. am 28. August 1963 vor dem Lincoln Memorial in Washington D. C. ans Mikrofon trat, wusste er genau, warum er sagte, was er sagte. Deine Träume, deine Visionen lösen bei deinen Zuhörern Emotionen aus.

Wer von uns hat keine Träume? O.K., vielleicht fünf bis zehn Prozent, siehe Gaußsche Kurve. Aber der Rest? Das Publikum kann sich durchaus mit deinen Träumen identifizieren. Träume sind Emotion. Wir fühlen etwas dabei.

Ein Freund von mir, Dr. Robert Punkenhofer, charismatischer Kunstkurator und im Jahr 2015 österreichischer Handelsbevollmächtigter in Barcelona, hat mir zum Thema Vision eine einfache und mächtige Übung gezeigt. Im Rahmen einer Schulung meinte er zu mir: »Flo, du willst doch in Zukunft eine Rhetorikschule gründen. Stell dir vor, ich bin ein Journalist. In fünf Jahren hast du einen Innovationspreis gewonnen. Nach der Preisverleihung nehme ich dich zur Seite und frage: ›Herr Mück, wie haben Sie das geschafft?‹ Stell dir vor, was du antworten würdest. Schreib deine Antwort auf ein Blatt Papier. Das ist deine Vision.«

Einfach und mächtig. Mach du es genauso! Nimm ein Blatt Papier und schreib deine Antwort auf. Mach deine Vision zum Kern deiner Kommunikation. Nicht nur Martin Luther King jr. durfte Träume haben.

Die Macht der Metapher

Auf den ersten Blick könnte es klingen wie ein Klischee. Wenn du genau hinschaust, kann es aber kein Klischee sein, über die Macht der Metapher zu reden. Das würde ja bedeuten, dass diese Macht des bildhaften Vergleichs jedem bewusst ist. Und dem ist definitiv nicht so.

Ich liebe es, in meinen Seminaren eine einfache Frage zu stellen: »Thomas, ich bin sechs Jahre alt. Kannst du mir erklären, was du beruflich machst?« – »Ähm, ich verhandle mit …« – »Was ist verhandeln?« Lacher. »Verhandeln ist … ähm … also, wenn, ähm … Ich habe einen Kunden …« – »Was ist ein Kunde?« Lacher. So geht das immer. Am Ende hast du keine Chance. Du wirst zwangsläufig in der Metapher enden: »Wolltest du im Supermarkt schon einmal etwas haben, aber deine Mami wollte es dir nicht kaufen?« – »Ja.« – »Wie wäre es, wenn ich dir ins Ohr flüstern würde, was du sagen musst, damit deine Mami dir die Sache kauft?« – »Das wäre toll!« – »Das ist genau das, was ich mache: Ich flüstere Leuten ins Ohr, und sie bekommen das, was sie wollen. Ich bin ein Ohr-Flüsterer, auch genannt Marketingspezialist.«

A oder B, was hat die größere Wirkung? Entscheide selbst!

A: »Unser Projekt läuft nicht richtig.«
B: »Unser Projekt steckt in einem schwarzen Loch.«

A: »Wir müssen eine Win-win-Situation mit unseren Kunden erreichen.«
B: »Lasst uns mit unseren Kunden eine Symbiose schaffen.«

A: »Die Zahlen dieses Jahr sehen gut aus.«
B: »Bei unseren Zahlen dieses Jahr tanzt Albert Einstein vor Freude.«

A: »Wir schaffen Wert für unseren Kunden.«
B: »Aus Kohle machen wir für unsere Kunden Diamanten.«

Kohle und Diamanten versus Wertschöpfung – du kannst selbst entscheiden, was dich emotional mehr bewegt. Bildhafte Vergleiche werden immer mächtiger sein als Business-Jargon. Der Diamant ist die Macht der Metapher.

Deshalb: »Speak MORE in metaPHOR!«

Nur ein Sinn? Wie sinnlos!

Wie viele Sinne hat der Mensch? Richtig, fünf, nämlich Hören, Riechen, Sehen, Schmecken, Tasten. Und welcher dieser Sinne ist der einzige, den wir als Kommunikatoren im Hirn unserer Zuhörer ansprechen? Ich höre als Antwort oft: »Hören!« Aber ich meine nicht die Tatsache, dass du mich hörst, wenn ich mit dir rede. Ich beziehe mich auf die Sinne, die ich inhaltlich in deinem Hirn anspreche.

»Die Zahlen sehen nicht gut aus.« – »Wir sind nach Kalifornien gezogen.« – »Wir müssen den Marketingplan überarbeiten.« – »Ich stand orientierungslos im Supermarkt.« Wir reden fast ausschließlich visuell. Es kommt selten in meinen Seminaren vor, dass einer mal sagt: »Ich kam in den Saal und es roch nach Konferenzkaffee.« Oder: »Ich höre noch das Klacken des Kugelschreibers.« Oder: »Mein erster Job fühlte sich an wie Raufasertapete.« Oder: »Das Projekt schmeckt besser als Erdbeeren mit Sahne.«

Rede mehr mit dem Körper der Menschen und weniger mit dem Kopf. Verwende die fünf Sinne in deiner Alltagssprache und du wirst Emotionen bei deinen Zuhörern auslösen.

Der vierte Weg, mehr Emotion in deine Reden zu beamen, ist ein Extra-Schritt: über Geschichten. Darauf gehe ich daher später, in Schritt 7, genauer ein.

Nackt mit Kleidung

Zurück zur Brücke der Sympathie. Du kannst diese Brücke selbstverständlich nur bauen, wenn du dich öffnest. Immer wenn in meinen Trainings nach einer Rede das positive Feedback »authentisch« fällt, hake ich nach: »Warum nehmt ihr ihn/sie als authentisch war?« Jahrelang die gleiche Frage und fast immer dieselben Antworten. Zwei Begriffe stechen stets heraus: Echtheit und Verletzlichkeit.

Jack Lemmon, der große amerikanische Schauspieler, hat einmal gesagt: »Wenn du wirklich ein Schauspieler sein willst, der sich selbst und sein Publikum zufriedenstellen kann, musst du verletzlich sein. Du musst das emotionale und intellektuelle Niveau erreichen, auf dem du emotional splitterfasernackt vor ein Publikum treten kannst.«[3] Auch meine gute Freundin und Vortragsrednerin Olivia Schofield traf den Kern der Sache, als sie sagte: »Ein Schauspieler ist Experte darin, jemand anderes zu sein. Als Redner bist du Experte darin, du selbst zu sein.« Emotionale Transparenz und Verletzlichkeit schaffen die mächtigste Verbindung mit deinem Publikum.

- »Worauf ich stolz bin im Leben …«
- »Es gibt auch dunkle Seiten in meinem Leben …«
- »Einer meiner emotionalsten Momente …«
- »Und dann beging ich den größten Fehler meines Lebens …«
- »Mein größter Wert heißt Freundschaft …«
- »Ich wünschte, ich hätte damals anders gehandelt.«

- »Die größten Lektionen im Leben kommen oft unerwartet.«

Redeabschnitte, die auf diese Art und Weise beginnen, sind in meinen Trainings immer Gewinner. Tausende und Abertausende von Reden – nicht ein Mal wurden diese oder ähnliche Bekenntnisse als verbesserungswürdig eingestuft. Emotionen können nicht falsch sein, emotionale Transparenz und Verletzlichkeit sind immer positiv.

Allerdings bedürfen sie eines wichtigen Schritts. Als Redner müssen wir uns selbst gut kennen. Schon die alten Griechen wussten: »Kenne dich selbst!« Die wahren Goldstücke der Rhetorik verbergen sich oft tief vergraben in unserer Seele. Aus dem Coaching kommt eine wunderbar einfache Übung, die dir hilft, diese Goldstücke auszugraben: die Lebenslinienübung.

Die Linie deines Lebens

Für die Lebenslinienübung benötigst du ein leeres Blatt Papier, nimm es im Querformat. Zeichne eine X-Achse ein, sie halbiert das Blatt. Die rechte Spitze ist dein aktuelles Alter, der Nullpunkt ist deine Geburt. Es ist ratsam, die X-Achse in Fünf-Jahres-Intervalle zu unterteilen. Nun zeichne die Y-Achse ein. Alles oberhalb der X-Achse zeigt das Niveau positiver Emotionen an, alles unterhalb der X-Achse zeigt das Niveau negativer Emotionen. Umso weiter du dich von der X-Achse entfernst, umso größer war die emotionale Wirkung in deinem Leben – sowohl positiv als auch negativ.

Dein Blatt sollte jetzt so aussehen:

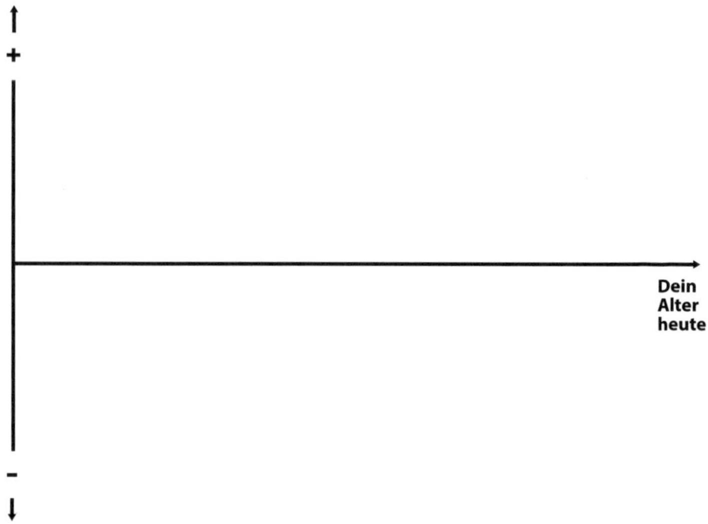

Die Linie deines Lebens

In einem nächsten Schritt machst du Kreuzchen. Eines für jede Erinnerung, die dich im Laufe deines Lebens emotional berührt hat. Positive Erinnerungen kommen in die obere Hälfte, negative Erinnerungen in die untere. Finde so viele Erinnerungen, so viele emotionale Momente wie möglich. Schreib jeweils ein aussagekräftiges Schlagwort zu jeder Erinnerung. Am Ende verbindest du alle Kreuzchen von links nach rechts. Voilà, deine Lebenslinie! Deine rhetorischen Goldstücke sind jeweils die Ausreißer nach ganz oben und ganz unten. Es sind genau diese emotionalen Momente, welche die stärkste emotionale Verbindung mit deinem Publikum herstellen.

Fördere diese emotionalen Goldnuggets zutage und nutze sie in deiner Rede. Verabschiede dich ein für allemal von Rhetorik mit emotionaler Intransparenz. In meinen ersten fünftausend Reden, die ich als Trainer evaluieren durfte, gab es keine einzige Ausnahme: Jedes Mal, wenn sich jemand emotional öffnete, auch wenn das Tor ganz weit aufging, war das Feedback der gesamten Gruppe immer positiv. Ohne Ausnahme.

Die freie Rede dreht sich um vieles, aber immer um eines: Verbindung. Menschliche Verbindung. Diese Verbindung heißt »Brücke der Sympathie«. Emotion, emotionale Transparenz und Verletzlichkeit bauen diese Brücke.

Mit Selbstvertrauen und Emotion hast du eine robuste Basis geschaffen für erfolgreiches Reden vor Publikum, denn sie sind das Fundament begeisternder Vorträge. Jetzt bist du bereit für die Bühne. Adrenalin schießt in deine Adern, es ist Showtime. Und alles fängt an mit dem »heiligen« ersten Satz.

Schritt 3: Erster Satz

Drei Momente der Wahrheit

Was war dein erster Eindruck bei deinem letzten Aufenthalt in einem Hotel, bei deiner letzten Flugreise, beim letzten Restaurantbesuch? In der Marketinglehre haben diese Erstkontakte mit Dienstleistungen einen Namen: Momente der Wahrheit. Der erste Eindruck einer Serviceleistung lässt sich nur schwer revidieren. Im weiteren Sinne ist auch jeder Vortrag ein Service für dein Publikum. Auch als Redner vermittelst du einen ersten Eindruck. Für mich sind es drei Momente der Wahrheit, die du beachten musst.

Der erste Moment der Wahrheit heißt *Schweigen*. Du sagst nicht »So«, du sagst nicht »Hallo«, du sagst nicht »Ähm«, du räusperst dich nicht. Du trittst auf die Bühne und schweigst. Denn deine Rede beginnt nicht, wenn du die ersten Laute von dir gibst, sondern bereits viel früher. Viele Redner fangen schon an zu quatschen, bevor sie überhaupt auf der Bühne sind oder im Meeting-Raum vor der Gruppe stehen. Ein absolutes No-Go, das wirst du nie wieder tun! Was du in einem Raum brauchst, wenn deine Rede beginnt, ist absolute Stille. Und diese Stille hängt von einer einzigen Person ab: von dir.

Der zweite Moment der Wahrheit heißt *Lächeln*. Während du schweigst, lächelst du dein Publikum an. Dein Lächeln (siehe auch Schritt 15) zeugt von Selbstvertrauen, Selbstsicherheit, Charisma.

Der dritte Moment der Wahrheit heißt *Geduld*. Denn Schweigen alleine reicht oftmals nicht, um dein Publikum davon abzubringen, Stühle quietschen zu lassen, zu husten wie Pferde oder an ihren Smartphones herumzufummeln.

Mit den drei Momenten der Wahrheit erreichst du zweierlei. Zum einen strahlst du Autorität und Selbstvertrauen aus. Das heißt, dein Ethos, also deine Glaubwürdigkeit als Redner steigt. Zum anderen stellst du die uneingeschränkte Aufmerksamkeit deines Publikum sicher. Denn nun warten alle gespannt auf einen der wichtigsten Sätze deiner Rede – den ersten Satz. Doch mit einem Paukenschlag einzusteigen, ist gar nicht so leicht.

Langweiliger Herr Mayer

Erinnere dich zurück an alle Reden und Powerpoint-Präsentationen, die du in den letzten fünf Jahren erlebt hast. Denk an alle Redner, die du gesehen hast – auf Kongressen, Seminaren, Messen, Hochzeiten, Geburtstagen. In vielen Fällen wählen sie denselben todlangweiligen Standardeinstieg: »Ähm, hallo zusammen und guten Abend. Mein Name ist Peter Mayer, und es ist mir eine große Ehre und Freude, die Möglichkeit zu haben, Ihnen heute etwas zum Thema Mobilität im 21. Jahrhundert zu berichten.«

Das ist doch kein mächtiger Einstieg, der das Publikum vor Aufregung innerlich fast zerspringen lässt! Hand aufs Herz: Wenn deine Rede ein Roman wäre, stünde so etwas im ersten Absatz? Wohl eher nicht.

Nehmen wir diesen Standardeinstieg genauer unter die Lupe.

Wir wissen, wie der Redner heißt. Sein Name stand schließlich auf der Einladung und im Programm. Zudem wurde Herr Mayer von der netten Moderatorin des Abends namentlich vorgestellt.

Wir wissen auch, worüber er sprechen wird. Das stand ebenfalls in der Einladung und im Programm – und die nette Moderatorin hat noch einmal auf das Thema des Abends hingewiesen. Sogar auf dem Roll-up vor dem Saal stand es in großen Lettern.

Wir wissen, dass es Abend ist, und mit an Sicherheit grenzender Wahrscheinlichkeit wissen wir, dass es dem Redner eine große Ehre und Freude ist, zu uns zu sprechen. Jetzt redet Herr Mayer schon seit fast einer halben Minute, und nichts von dem Gesagten ist neu. Wie langweilig!

Das geht besser! Für mich hat der erste Satz nur ein Ziel: die uneingeschränkte Aufmerksamkeit des Publikums zu erringen. Das, was die drei Momente der Wahrheit erreicht haben, musst du mit deinem ersten Satz in die Rede tragen – 100 Prozent Aufmerksamkeit! Und wie erreichst du das? Mit einem Paukenschlageinstieg.

Einstieg mit Paukenschlag

In meinen Trainings frage ich manchmal eine Teilnehmerin, wie viel Zeit sie einem Mann geben würde, der offensichtlich im Begriff ist, sie anzuflirten. Nachdem das allgemeine Gekicher, ihre roten Wangen und die Macho-Kommentare der Männer abgeklungen sind, sagt sie in der Regel: »Na ja, so 30 Sekunden.«

Ich für meinen Teil finde diese Einschätzung unrealistisch. Ich weiß ja nicht, wie die Erfahrungen der männlichen Leserschaft sind, aber ich selbst komme oft genug nicht mal in die Nähe einer halben Minute. Manchmal habe ich nicht einmal genug Zeit, um meinen vollen Namen zu sagen. Mehr als zwei Sekunden? Utopisch!

Für mich gilt das Gleiche in der freien Rede. Egal ob Produktpräsentation, Investoren-Pitch oder Hochzeitsrede – denke immer an die begrenzte Zeit, die wenigen Sekunden, die du hast, um das Publikum in deinen Bann zu ziehen. Der erste Satz muss also knallen. Hier sind fünf Paukenschläge für deinen Einstieg.

Zitat

Rhetorik-Rubine berühmter Persönlichkeiten sind immer ein sicherer Weg, eine Rede zu beginnen. Du »leihst« dir sozusagen die Autorität und Glaubwürdigkeit (Ethos). Ein cleverer Schachzug. Ich empfehle Zitate, welche die zentrale Botschaft deiner Rede unterstützen.

Stell dir vor, du bist Abteilungsleiter und sollst eine Rede vor deinen Mitarbeitern halten, weil die Firma derzeit eine schwierige Phase durchmacht. »Durchhalten« könnte demnach deine Botschaft heißen. Tippe in eine Suchmaschine »Zitat« und »Durchhaltevermögen« ein. Das Ergebnis: Eine Reihe von brauchbaren Zitaten. Du könntest deine Rede so starten:

> »*Albert Einstein hat einmal gesagt:* (Mach eine Pause! Gib deinem Publikum Zeit, den genialen weißhaarigen Mann vor seinem geistigen Auge zu sehen.) ›*Es ist nicht so, dass ich klug wäre. Ich bleibe einfach länger an Problemen dran.‹ Ich will, dass wir länger an unseren Problemen dranbleiben als jeder Wettbewerber. Ich will, dass wir länger an unseren Problemen dranbleiben, als es irgendein Analyst von uns verlangen würde. Ich will, dass wir länger an unseren Problemen dranbleiben, als es irgendeine Lösung jemals erfordern würde.«*

Ein Wort

Jede Botschaft lässt sich auf ein Wort reduzieren. Die Bibel in einem Wort? Glaube. Oder bei dem Albert-Einstein-Beispiel von eben: Durchhaltevermögen.

Ich liebe Ein-Wort-Muster. Es ist, als würde Steve Jobs persönlich deine Rede schreiben: maximaler Minimalismus. Sobald du dieses kraftvolle Wort mit Würde und der richtigen Intonation ausgesprochen hast und es im Saal nachhallt, wissen alle auf einen Schlag, worum es in deiner Rede geht.

Joel Kaczmarek, der frühere Herausgeber von Gruenderszene.de, fing eine Rede im Seminar einmal so an: »Scheidung.« Es folgte eine unangenehme Stille im Raum. Mehr brauchte er nicht, um unsere uneingeschränkte Aufmerksamkeit zu gewinnen.

Gedankenprovokation

Polemisch oder nicht – schwere, tiefe, gedankenanregende Aussagen sind ein weiterer Paukenschlag. Aussagen wie diese lösen einen »Was-Effekt« aus.

»Unser Sektor wird untergehen …«

»Dies ist eine miserable Situation …«

»Es tut mir leid …«

Das Publikum denkt: »Was?!«

Noch einmal zum Vergleich: »Hallo zusammen, mein Name ist Florian …« Das Publikum denkt: »Na, und?!«

Gerade polemische Aussagen zeigen Wirkung. Nach einer dramaturgischen Pause musst du sie allerdings positiv auflösen:

»Unser Sektor wird untergehen – *Pause* – in einem Meer aus Erfolg!«

»Dies ist eine miserable Situation – *Pause* – für unseren Wettbewerb. Wir sind schon wieder 50 Prozent gewachsen.«

Einer der einfachsten und zugleich kraftvollsten Einstiegssätze in meinen ersten sechs Jahren als Trainer war: »Es tut mir leid …« Nach drei Sekunden Pause saßen wir alle gespannt wie bei *Der Weiße Hai* auf unseren Stühlen und dachten: »Was denn? Was tut dir leid?« Die Rednerin fuhr fort: »… aber ich kann euch nicht nur gute Dinge über mein Leben berichten.« Es folgte eine weitere Pause. Es war genial! Nach wenigen Sekunden Rede waren wir völlig in ihrem Bann.

Frage

Bist du in der Lage, eine Frage nicht zu beantworten?

Du hast es dir sicher gerade selbst bewiesen: Das menschliche Gehirn ist nicht in der Lage, eine Frage nicht zu beantworten. Mit einer Frage erzielst du automatisch 100 Prozent Aufmerksamkeit im Publikum, weil alle die Frage beantworten müssen. Denk daran: Ein denkendes Publikum ist ein gutes Publikum – außer vielleicht, du bist Politiker.

Ich habe einmal an einem wunderbaren Verkaufstraining mit dem Verkaufstrainer Marc Stähli aus der Schweiz teilgenommen. Gefühlt tausendmal wiederholte er: »Keine geschlossenen Fragen im Vertrieb! Nur offene Fragen!«[4] Wie recht er hat. »Wollen Sie in Russland expandieren?« – »Nein.« Game over.

Besser: »Wie sieht Ihre Expansionsstrategie aus?« Zumindest ist das der bessere Ansatz für den Verkauf.

In der freien Rede ist es jedoch genau umgekehrt. Hier empfehle ich, ausschließlich geschlossene Fragen zu stellen. Warum? Weil offene Fragen das Publikum dazu einladen, ja geradezu auffordern, wild drauflos zu antworten. Besonders Alphatiere kommen einer solchen Einladung gerne nach. »Was halten Sie von der ökonomischen Situation in Europa?« Oh oh, kritisch, Alphatier-Attacke droht! Besser: »Wer von Ihnen teilt die Meinung, dass die ökonomische Situation in Europa verbesserungswürdig ist?«

Eine rhetorische Frage ist eine Spezialform der geschlossenen Frage und ein rhetorisches Mittel. Dazu mehr in Schritt 5. Rhetorisch oder nicht – eine geschlossene Frage ist ein exzellenter Einstieg, weil sie die Aufmerksamkeit des Publikums erregt.

Es war einmal

Ich sage meinen Seminarteilnehmern immer: »Wenn ihr nicht wisst, wie ihr eure Rede anfangen sollt, steigt mit einer persönlichen Geschichte ein.« Abgesehen davon, dass die schon in deinem Kopf ist – Notizen über Bord! –, kannst du die Geschichte auch verwenden, um dein Ethos als Redner von Anfang an zu untermauern.

Stell dir vor, du willst ein junges Publikum davon überzeugen, Unternehmer zu werden. Du könntest deine Rede so anfangen:

»Vor zwanzig Jahren in Bamberg. Der Saal war immer voll. Unsere Computerräume an der Uni waren immer überfüllt. Aber nicht wegen mir! Ich saß lieber zu Hause in meiner Studentenbutze, wo ich meine ersten Abenteuer als Kleinunternehmer mit meinem Kommilitonen Dennis bestritt. Ich bin nicht Michael Dell, und mit Sicherheit bin ich nicht Bill Gates. Aber ich wollte schon immer Dinge unternehmen.«

Alle Märchen fangen gleich an: »Es war einmal ...« Dieses Muster lernen wir bereits in ganz jungen Jahren. Dieses Muster kannst du auch als Redner nutzen. Sobald eine Rede mit einem Zeitpunkt in der Vergangenheit beginnt, wissen alle im Publikum, dass nun eine Geschichte folgt – und alle hören zu, weil sie wissen wollen, was passiert.

Das Es-war-einmal-Muster sichert hundertprozentige Aufmerksamkeit aufgrund der menschlichen Neugier. Keine Ausnahme wird je diese Regel bestätigen müssen.

Die goldene Regel der Rhetorik

»Das geht doch nicht. Ich muss mein Publikum erst begrüßen, sonst ist das unhöflich.«, »Was ist mit den Honoratioren?«, »Ich muss mich doch bei den Organisatoren bedanken!« Solche und ähnliche Einwände höre ich oft.

Kennst du die goldene Regel der Rhetorik? Es gibt keine! Du machst die Regeln als Redner. Und alles, was funktioniert, ist gut. Es erstaunt mich immer wieder aufs Neue, dass Leute genau zu wissen glauben, was alles nicht geht. Dabei haben sie noch nie etwas Neues ausprobiert, noch nie etwas anders gemacht als bisher. Sie haben nach ihren Vorträgen noch nie um konstruktives Feedback gebeten. Das bedeutet, sie können gar nicht wissen, was alles geht oder nicht geht. Solche Leute schwimmen im Standard-Sumpf und werden nie aus der grauen Masse herausstechen. »Das geht nicht« ist ein Verlierer-Statement.

Natürlich muss ich als Redner manchmal gewisse Personen explizit erwähnen, mein Publikum begrüßen oder mich bei den Organisatoren bedanken. Ich bin zum Beispiel Rotarier. Im rotarischen Jahr 2015/16 hatte ich im Distrikt Nordspanien die Funktion des MACERO (Maestro de Ceremonia de Rotary) inne. Offizielle Veranstaltungen bei Rotary folgen stets einem strikten internationalen Protokoll. Doch selbst dort habe ich mir bei jeder Veranstaltung immer erst 100 Prozent Aufmerksamkeit gesichert. Der erste Satz ist für mich gesetzt, unantastbar, heilig. Die protokollarische Begrüßung folgt stante pede.

Du hast eigene Muster, eigene Ideen für den Einstieg? Cool! Alles ist besser als »Ähm, hallo und guten Abend. Mein Name ist …« Schnarch.

Schick diesen Langweiler in dir in die rhetorische Wüste. Krall dir die ungeteilte Aufmerksamkeit deines Publikums mit einem Zitat, einem Wort, einer nachdenklich stimmenden Aussage, einer geschlossenen Frage oder einer Geschichte.

Großartig! Mit 100 Prozent Aufmerksamkeit deines Publikums im Rücken bist du jetzt bereit, deine Rede-Reise zu beginnen. Die nächsten vier Schritte sind essenziell, denn der Inhalt ist Trumpf.

Schritt 4: Struktur

Guggenheim, Empire State Building oder Parthenon

Ludwig Mies van der Rohe, der deutsch-amerikanische Architekt und Bauhaus-Gigant, errichtete anlässlich der Weltausstellung 1929 in Barcelona den deutschen Pavillon, der am Fuße des Montjuïc hinter dem alten Messegelände steht. Dieser Meilenstein des Bauhaus ist eines der Lieblingsgebäude meines Bruders Martin, der Ende der neunziger Jahre Architektur studierte.

Ein Architekt und ein Redenschreiber haben eines gemeinsam: Beide beschäftigen sich mit Struktur. Ich habe mit mehr als fünfzig Nationalitäten gearbeitet – von Polen bis Portugiesen, von Amerikanern bis Australiern – und kann dir versichern: Nicht nur Deutsche brauchen Struktur. Jedes Publikum der Welt braucht Struktur. Struktur ist wichtig, um deiner Argumentationskette folgen zu können.

Werfen wir einen Blick auf bestehende Redestrukturen. Es gibt zunächst einmal die typische Redestruktur eines Wissenschaftlers: total komplex, total raffiniert, total tiefgründiger Inhalt, aber völlig chaotisch, und kein Mensch im Publikum versteht irgendetwas. Sie ähnelt in gewisser Weise dem Guggenheim Museum in Bilbao im spanischen Baskenland. Ich sage immer: »Great food, great wine and the Guggenheim!« Falls du es nicht kennst, schau es dir im Internet an.

Dann gibt es die »Universitätsprofessor-Struktur«: eine Folie und noch eine Folie und noch eine Folie und noch eine Folie. *And another one bites and another one bites, another one bites the dust …* Aber da gibt's nicht einmal Staub! Eine Folie nach der anderen, eine Akkumulation von Inhalten, ein regelrechter Inhalts-Tsunami! Kein Ende in Sicht. Dies ist leider auch die Standardstruktur fast aller Businesspräsentationen. Ich weiß das aus eigener Erfahrung.

Aus welchem Land stammt die Rhetorik, die Kunst der Überzeugung? Platon, Demosthenes, Aristoteles – natürlich aus Griechenland. Für mich ist der Parthenon, der Tempel auf der Akropolis in Athen, das Sinnbild für eine effektive Redestruktur. Der Parthenon hat ein Fundament, das ist die Einleitung deiner Rede. Der Parthenon hat Säulen, und in der Rhetorik steht jede Säule für ein Argument. Alle Säulen zusammen bilden den Redekörper, den Hauptteil der Rede. Und der Parthenon hat ein Dach. Das ist der Schluss.

Einleitung, Hauptteil, Schluss – seit der Erörterung in der achten Klasse hat sich nicht wirklich viel geändert. Seit 2300 Jahren hat sich nichts geändert. Aristoteles sagte einmal: »Ein Ganzes ist, was Anfang, Mitte und Ende hat.« Wir müssen das Rad nicht neu erfinden, aber wir können es anders anmalen. Warum sollte man krampfhaft etwas ändern, was seit Jahrtausenden funktioniert?

Genau das habe ich im Jahr 2009 gemacht. Ich visualisierte den Parthenon mit Fundament, drei Säulen, Dach, Übergängen und einem geheimen Element und fertig war – das *Speech Structure Building*.

Speech Structure Building

Bevor wir rhetorisch-architektonisch aktiv werden, habe ich eine Frage. Als du das letzte Mal etwas präsentieren musstest, wie lief das genau ab? Hast du den Computer oder deinen Laptop angeschaltet, Powerpoint und deine Standardvorlage aufgemacht? Hast du dann eine Folie nach der anderen mit Text, Zahlen, Balken, Grafiken und kleinen, süßen Bildchen befüllt?

Wenn ja, ändere ab sofort dein Vorgehen. Für einen professionellen Redner ist Powerpoint immer der zweite Schritt. Der erste Schritt heißt Rede, und genau dort setzt das Speech Structure Building an.

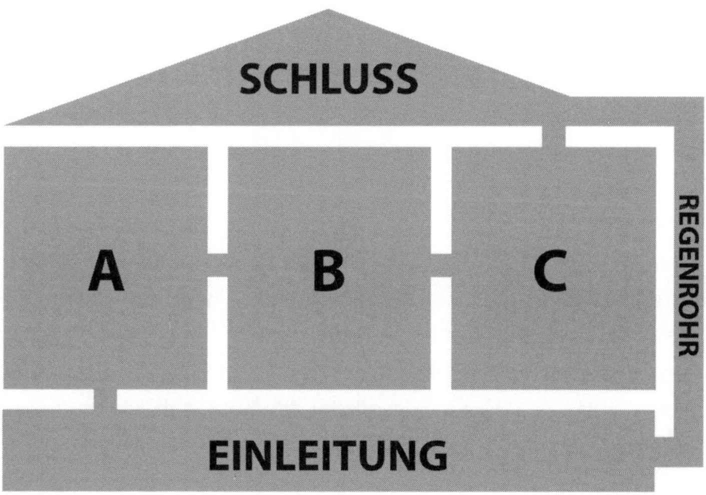

Das Speech Structure Building

Schauen wir uns die einzelnen Bauelemente des Gebäudes an. Da wir Häuser normalerweise nicht von oben nach unten bauen, beginne ich mit dem Fundament der Rede, der Einleitung.

Das Fundament der Rede

Sicherlich ist das, was ich dir hier im Strukturteil vorschlage, ein Standard. Aber ist Standard nicht total langweilig? Jein. Der Standard bezieht sich hier lediglich auf die Grundstruktur deiner Rede, die Inhalte und deine Darbietung hingegen werden nie gleich sein.

Diese Redestruktur basiert auf den Lehren von Aristoteles. Wie überzeuge ich Menschen mit Argumenten? Das ist die Essenz der Rhetorik. Diese Redestruktur funktioniert seit Tausenden von Jahren, deshalb ist es ausnahmsweise ein guter Standard.

Egal wie weit du dich in deiner Einleitung rhetorisch aus dem Fenster lehnst, drei Elemente sollten immer Teil des Fundaments sein:

- Erster Satz,
- Botschaft,
- Wegweiser.

Für den Einstieg, deinen heiligen ersten Satz, habe ich dir bereits fünf Muster an die Hand gegeben. Du hangelst dich an einigen Folgesätzen entlang und endest in weniger 30 Sekunden beim wichtigsten Satz deiner Rede: der Botschaft.

Ohne Botschaft keine Rede

In den ersten sechs Jahren als professioneller Trainer hatte ich die Ehre und das Vergnügen, über 4700 Reden erleben zu dürfen. Da war wirklich alles dabei. Business, Privates, Anfänger, Experten, steinharte Logik und zu Tränen rührende Emotion. Wenn du mich heute fragen würdest: »Florian, wie viele dieser Reden hatten eine Botschaft?«, müsste ich sehr lange nachdenken. Am Ende wäre meine Antwort: »Vielleicht ein Dutzend.«

Es ist der Wahnsinn! Wir quatschen und quatschen und quatschen – ohne Botschaft. Wir reden um des Redens willen, nicht um eine Botschaft zu vermitteln.

Wo ist deine Botschaft? Ich empfehle meinen Seminarteilnehmern, in der Werbung nach Inspiration zu suchen, denn wie ein Werbeslogan muss eine Botschaft kurz, prägnant und anders sein. Nur dann bleibt sie im Gedächtnis des Publikums hängen. Paulaner, 1964: »Gut, besser, Paulaner.« Nike, 1988: »Just do it!« Clausthaler, 1990: »Nicht immer, aber immer öfter.«

Deine Reden, Präsentationen oder Vorträge brauchen eine Botschaft. Sie ist die Zusammenfassung deiner gesamten Rede in einem Satz mit weniger als acht Wörtern. Sonst kann sich kein Mensch daran erinnern. »Liebe deinen Nächsten wie dich selbst.« Sechs Wörter – exzellent.

Deine Botschaft kann entweder ein Imperativ sein, wie zum Beispiel »Treiben Sie mehr Sport!« oder eine Aussage mit Gewicht: »Der Mensch kann sich ändern.« Aus meiner Sicht funktionieren beide Formen gut, die imperative Form hat allerdings mehr Nachdruck.

Denke an deine nächste wichtige Präsentation. Geh jetzt ganz tief in dich und überlege: Was ist die Essenz deines Vortrags in einem Satz? Was willst du mit deiner Präsentation erreichen? Das ist deine Botschaft. Schreib deinen ersten Entwurf nieder:

Wenn du den ersten Entwurf deiner Botschaft einmal auf einem Stück Papier stehen hast, geht die Arbeit los. Reduktion, Reduktion, Reduktion – weniger ist mehr. Suche nach Möglichkeiten, rhetorische Mittel anzuwenden wie Alliterationen oder Anaphern. Mehr dazu in Schritt 5.

Als Bindeglied zwischen deiner Botschaft und den Argumenten, die du kommunizierst, um die Botschaft durchzudrücken, fungiert das dritte Element der Einleitung: der Wegweiser.

Weise mir den Weg

Stell dir vor, deine Botschaft lautete: »Kocht nicht mit Brühwürfeln! Dafür gibt es drei gute Gründe.« Die drei guten Gründe sind ein struktureller Wegweiser für das Publikum. Von diesem Moment an weiß es, wohin die Reise geht. Typische Wegweiser sind: zwei Beispiele, vier Sichtweisen, drei Geschichten, drei Gründe, drei Argumente. Es müssen nicht notwendigerweise drei sein. Doch ist die Zahl drei omnipräsent in der Rhetorik. Es sind nicht vier kleine Schweinchen. Es heißt nicht Tic-Tac-Toe-Tuc. Und der römische Feldherr Gaius Iulius Caesar sagte auch nicht: »Ich kam, ich sah, ich siegte, ich feierte.«

»Muss ich eine Agenda angeben?« Diese Frage höre ich oft. Ich bin der Meinung, die freie Rede braucht Spannung und unerwartete Wendungen. Nur so bleibt die Neugier des Publikums erhalten. Eine Agenda zerreißt den Spannungsbogen von Beginn an: »Es gibt gute drei Gründe dafür, ein Kind ein Instrument erlernen zu lassen: Es stärkt das Durchhaltevermögen, es verbessert den Intelligenzquotienten und Dankbarkeit im höheren Alter. Lassen Sie mich mit dem Durchhaltevermögen beginnen ...« Das ist der Normalfall, am besten noch angereichert mit einer schlaftrunkenen Powerpoint-Folie, auf der all das steht, was gerade gesagt wurde.

Ich persönlich sage: Langweilig! Ich gebe nie eine Agenda vor. Ein struktureller Wegweiser ohne Nennung der genauen Inhalte – das erhält die Spannung. Jetzt müssen alle weiter zuhören. Doch wie immer gilt: Es gibt keine Regeln.

Strukturwegweiser verwende ich hingegen ständig: in Vortragsreden, in meinen Trainings, am Telefon. Mit Wegweisern bestimmst du den strukturellen Rahmen jeder Form von Kommunikation. »Frau Fischer, wir müssen dringend über zwei Themen sprechen.« Das war's, es wird kein drittes Thema geben.

Ohne Wegweiser könnte eine Rede ewig dahinplätschern. Das machen Redner sowieso am allerliebsten. Etwas erzählen und noch etwas erzählen und noch etwas erzählen. »Da fällt mir noch ein ...« – »Bitte nicht!«, denkt sich das Publikum dann oftmals. Wegweiser festigen einerseits die Redestruktur, andererseits dienen sie auch dazu, den Redner selbst zu strukturieren.

Drei Säulen, drei Argumente

Die drei Säulen des Speech Structure Building bilden den Hauptteil deines Vortrags. Die Säulen stehen für deine Argumente, robuste Argumente.

Im Geschäftsalltag steht die logische Argumentation im Vordergrund. Stellen wir uns vor, wir wollen einen potenziellen Handelspartner gewinnen. Die drei Säulen, in diesem Falle die drei Gründe, könnten Qualität, Effizienz und Sympathie sein.

Redner vergessen gerne, dass logische Argumente wasserdicht und felsenfest sein müssen. Imagebroschürentexte sind nicht ausreichend. »Wir haben hochqualitative Produkte«, »Wir haben effiziente Prozesse«, »Wir sind ein sympathisches Team« – das reicht nicht. Alles generisch, nichts Spezifisches, keine Beweise, keine logische Argumentation, nur »Business-Bla-Bla«.

Was sind denn hochqualitative Produkte? Was bedeutet Qualität objektiv in deinem Produktsegment? Wie hoch ist die Fehlerquote in der Produktion? Welches renommierte Forschungsinstitut hat euer Produkt getestet? Mach Qualität greifbar mit logischen Informationen!

Effiziente Prozesse? Lebt ihr Kaizen in eurem Unternehmen? Hast du drei Monate bei Toyota verbracht und an einem Benchmarking-Projekt gearbeitet? Wie viel schneller seid ihr als der wichtigste Wettbewerber? Was heißt Effizienz in Zahlen ausgedrückt?

Sympathisches Team? Wer ist ein herausragender Sympathieträger in deinem Unternehmen? Was macht ihn oder sie so sympathisch?

Umso spezifischer du deine Argumente gestaltest, umso robuster werden deine Säulen. Für robustere Säulen habe ich hier neun Logos-Elemente für dich und deinen Vortrag, mit denen du deine Argumente anreichern kannst.

Zahlen	Zum Beispiel 29 Prozent Umsatzwachstum, sechs Prozent Return on Investment, 478 Mitarbeiter.
Daten	Zahlenreihen, typischerweise als Tabellenkalkulation erstellt. Zum Beispiel die Kostenentwicklung in den letzten acht Quartalen.
Fakten	Die USA bestehen aus 50 Bundesstaaten. Die Bundesrepublik Deutschland wurde 1949 gegründet. Zum Beispiel: »In diesem Raum sind mehr Frauen als Männer.«
Umfragen	Besonders wertvoll sind eigene Umfragen. Viel Arbeit, aber große Wirkung.
Statistiken	*FAZ, Süddeutsche, New York Times* – Statistiken gibt es überall. Warum? Weil Statistiken renommierter Forschungsinstitute überzeugen.
Forschung	Max-Planck-Institut, Frauenhofer-Institut, Stiftung Warentest. Und im Notfall, wenn du nicht herausfinden kannst, wer für die Studien verantwortlich ist, Stanford University klingt immer gut. ;)
Expertenmeinungen	Stell dir vor, Steve Jobs hätte einmal gesagt, »In zehn Jahren wird alles mobil sein.« Wer auf diesem Planeten stellt eine Meinung von Steve Jobs infrage. Expertenmeinungen von Koryphäen aus deinem Sektor sind logisches Gold.
Beispiele	Faszinierend, wie sich Redner in generischem Jargon verstricken, anstatt konkrete, persönliche und spezifische Beispiele aus ihrem eigenen Berufsleben zu teilen. Der Klischee-Klassiker: »Wir schaffen Werte für unsere Kunden.« Besser: Für unseren Kunden, die Fantasie GmbH, haben wir im letzten Jahr die Vertriebsprozesse neu strukturiert. Das hatte einen Umsatzzuwachs in diesem Jahr von 23 Prozent zur Folge.«
Demonstration	Sehen heißt glauben. Für mich gibt es kein mächtigeres logisches Argument als die Demonstration. Schau dir zu diesem Thema Vorträge im Internet von Hans Rosling, Professor für Internationale Gesundheit und am Karolinska Institutet und Direktor der Gapminder-Stiftung in Stockholm, an. In einer Präsentation erklärt er die Weltbevölkerungsproblematik mit sieben Wäschekörben. Besser als jede Studie der Welt. Gigantisch!

Zahlen, Daten, Fakten, Umfragen, Statistiken, Forschung, Expertenmeinungen, Beispiele und Demonstrationen – das ist pure Logik. Besonders mit den letzten drei Elementen kannst du punkten, weil sie kaum ein Redner verwendet.

Das Dach – der Schluss

Das Fundament ist da, die Säulen auch, jetzt fehlt nur noch das Dach, also der Schluss. Wie beim Fundament empfehle ich auch im Dach drei Elemente in jede Rede einzubauen:

- Zusammenfassung,
- Botschaft,
- Handlungsaufforderung.

Zusammenfassung

Wiederholung funktioniert, Wiederholung funktioniert, Wiederholung funktioniert. Am Anfang des Endes empfiehlt sich immer eine Zusammenfassung der Argumente, der Säulen. Diese Zusammenfassung wirkt in beide Richtungen – ABC oder CBA. Ich bevorzuge die gespiegelte Version CBA. »Und weil wir ein sympathisches Team sind, mit effizienten Prozessen und hochqualitativen Produkten, sage ich …«

Eine Zusammenfassung macht deine Argumente haltbarer, weil wir uns Dinge, die ein paar Mal wiederholt wurden, besser merken können.

Und noch einmal: Yes, we can

Im Rahmen seines Wahlkampfs, der zu seiner ersten Präsidentschaft führte, wiederholte Barack Obama, der 44. Präsident der USA, seine Botschaft »Yes, we can!« mindestens zwei Millionen Mal. So oft musst du deine Botschaft nicht wiederholen. Aber am Schluss deiner Rede muss sie noch einmal kommen.

»Und weil wir ein sympathisches Team sind mit effizienten Prozessen und hochqualitativen Produkten, sage ich: Wir sind Ihr bester Partner!«

Der erste Schritt

Nachdem es deine Argumente gehört und verstanden hat sowie die Botschaft angekommen ist, ist dein Publikum bereit für das dritte und letzte Element im Dach der Rede: die Aufforderung zu einer konkreten Handlung. Warum ist es für dich als Redner so wichtig, dein Publikum am Ende des Vortrags zu einer konkreten Handlung aufzufordern? Dies hat einen psychologischen Grund.

In seinem Marketingklassiker *Die Psychologie des Überzeugens* aus dem Jahr 1984 beschreibt der amerikanische Psychologie- und Marketingprofessor Robert Cialdini sechs Faktoren, die Handlungen von Menschen positiv beeinflussen. Einer dieser Faktoren ist Konsistenz im Handeln. Wenn wir einmal in bestimmter Weise gehandelt haben, ist es schwieriger für uns, anders zu handeln. Es wäre, als würden wir uns selbst betrügen.

Wichtig: Idealistische Handlungsaufforderungen à la »Rettet die Welt!« können und werden nicht funktionieren. Als Redner können wir immer nur den ersten Schritt einfordern. Ich arbeite oft mit Jungunternehmern aus der Start-up-Szene. Wenn sie Investoren suchen, landen sie früher oder später bei einem Investoren-Pitch. Wie in der Fernsehsendung *Die Höhle der Löwen* müssen sie ihre Idee vor potenziellen Investoren präsentieren. Aus meiner Sicht begeht die große Mehrheit den gleichen Fehler. Ihre Handlungsaufforderung heißt: eine Million Euro.

Der internationale Verkaufstrainer Jack Vincent sagt: »Ein Pitch dient nicht dazu, etwas zu verkaufen. Ein Pitch dient dazu, eine Beziehung aufzubauen.« Es geht nicht um die Million, es geht jetzt lediglich um den wichtigen ersten Schritt, zum Beispiel ein Besuch der potenziellen Investoren in den Büros, um sich ein Bild vom Produkt und der Gründeratmosphäre zu machen.

Der erste Schritt, diese erste konkrete Handlung, macht aus einem passiven ein aktiveres Publikum. Die Handlung kann vor Ort erfolgen oder zeitversetzt. Aus meiner Sicht erzielst du den größten Effekt mit einer Handlung, die umgehend und vor Ort geschieht. Mein persönliches Highlight ist – ein Brühwürfel.

Seit 2011 bin ich Gastdozent an der IESE Business School in Barcelona. Carlos, ein Executive MBA[5] aus Madrid, war mit seinem Vortrag an der Reihe. Vorher teilte er fünfzehn Brühwürfel aus. »Nicht anfassen!«, sagte er dabei mit dominanter Stimme. Am Ende des langen, schweren, dunkelbraunen Tisches hielt er seinen dreiminütigen Vortrag. Seine Botschaft: »Kocht ohne Brühwürfel!«

Ich dachte: »Oh je, schon wieder ein Gesünder-leben-Vortrag!« Aber Carlos' Rede war anders. Er hatte eine klare Botschaft und gute Argumente mit Statistiken, einer Expertenmeinung und einem persönlichen Beispiel. Doch was sich in mein Langzeitgedächtnis eingenistet hat wie Pipi Langstrumpf in Kinderzimmerbücherregale, war Carlos' Handlungsaufforderung. Der erste Schritt. Er sagte zu uns: »Jetzt nehmt alle den Brühwürfel, der vor euch liegt, und packt ihn aus. Brecht ihn in zwei Hälften. Esst eine Hälfte!«

Jahre später habe ich immer noch diesen eklig-salzigen Geschmack im Mund: 55 Gramm pures Salz in 100-Gramm-Packungen. Pures weißes Gift, braun angemalt. Seit Carlos' Rede verwende ich keine Brühwürfel mehr beim Kochen. Das war eine Handlung! Das war ein erster Schritt. Kreativ, symbolisch und ein bisschen ekelhaft. Aber dafür umso einprägsamer.

Wenn du dein Publikum aufforderst, etwas zu tun, sei kreativ wie Carlos. »Schicken Sie mir ein E-Mail!« Langweilig. »Rufen Sie mich an!« Langweilig. »Unter Ihrem Stuhl finden Sie meine Handynummer.« Das ist anders! Lass das Publikum den ersten Schritt gehen. Menschen überzeugen heißt immer auch, Menschen zu Handlung bewegen. Das ist die wahre Macht des Redners.

Das Speech Structure Building ist jetzt fast komplett. Es fehlt nur noch ein unscheinbares, aber dennoch mächtiges Element: das Regenrohr.

Das Regenrohr

Mark Hunter aus Australien, im Jahr 2009 Weltmeister in der freien Rede[6], sagt, es sei nicht das Fundament, welches das Speech Structure Building so besonders mache. Auch nicht die drei Säulen – der Redekörper. Und auch nicht das Dach, der Schluss der Rede. Hunter sagt: »Was das Speech Structure Building so besonders macht, ist das Regenrohr.«

Journalisten nennen sie die Klammer, ich nenne es das Regenrohr, auf Englisch *drainpipe*. So wie sich der Journalist am Ende des Artikels inhaltlich auf seinen Einstieg bezieht, so beende ich jeden Vortrag mit einer Bezugnahme auf den ersten Satz meiner Rede. Vom Dach zurück zum Fundament – mit dem Regenrohr. Das Regenrohr rundet den Vortrag ab, der Redner ist wieder zu Hause.

In einem Seminar in Krakau sprach Szymon, einer der Teilnehmer, über die größten Ängste in seinem Leben. Er hielt einen Ballon mit der linken Hand in die Luft. Er ging langsam auf eine seiner Kolleginnen zu und – *bumm!* – der Ballon platzte direkt vor ihrem Gesicht. Die Kollegin schrie auf. Szymon rief: »Was habt ihr in ihrem Gesicht gesehen?« – »Angst!«, brüllte ein anderer Kollege. Szymon antwortete: »Genau, Angst!« Was für ein großartiger Einstieg! 100 Prozent Aufmerksamkeit!

Doch am Ende der Rede verpasste Szymon seine Chance, ein Regenrohr einzubauen. Er betonte abschließend lediglich, wir sollten unsere Wahrnehmung ändern. Angst existiere nur in unserem Kopf. In der Feedback-Runde nach seinem Vortrag sagte ich daher zu ihm: »Du hättest dir einen anderen Ballon schnappen und ihn derselben Kollegin überreichen können, ohne ihn platzen zu lassen. In dem Moment hättest du sagen können: ›Ändere deine Wahrnehmung!‹« Der Ballon wäre das perfekte Regenrohr gewesen.

Ein wunderbares Regenrohr baute einmal mein Freund und Trainerkollege Tobias Rodrigues aus Portugal. Es war seine erste Rede, sein Eisbrecher in unserem Toastmasters Club in Barcelona. Sein Regenrohr basierte auf dem rhetorischen Mittel Chiasmus, einer Über-Kreuz-Wiederholung.

Tobias begann seinen Vortrag mit den Worten, »Mein Leben in euren Händen …« Nach sechseinhalb Minuten beendete er seine Rede mit den Worten, »Eure Hände in meinem Leben.« Ein chiastisches Regenrohr – gigantisch.

Wie du an den beiden Beispielen sehen kannst, sind deiner Kreativität keine Grenzen gesetzt. Das Regenrohr rundet deine Rede ab. Und das Allerbeste dabei ist: Es ersetzt das langweilige »Vielen Dank für Ihre Aufmerksamkeit« am Ende des Vortrags.

Seit 2005 bin ich Hobbyredner bei Toastmasters International, seit 2009 professioneller Redner und Trainer. In all den Jahren, in all den Hunderten von Reden, habe ich mich kein einziges Mal am Ende eines Vortrags beim Publikum bedankt. »Aber ich muss mich doch bedanken!«, höre ich oft. Gegenfrage: »Sagt wer?« – »Alle machen das so.« – »Ah, O.K., verstehe ... die graue Masse der Langeweile ist deine Benchmark. Na, herzlichen Glückwunsch!«

Nach deiner Rede sollen die Zuhörer anders denken, handeln oder fühlen. Das ist dein primäres Ziel. Dein Vortrag ist ein Geschenk an dein Publikum. Erinnere dich an die letzte Geburtstagsparty, zu der du eingeladen warst. Als du dein Geschenk an das Geburtstagskind übereicht hast, hast du dich da bedankt?

Außerdem zerstört ein Dankeschön jedes Gänsehautgefühl, das du durch das Regenrohr ausgelöst hast. Stell dir vor, du beginnst deinen Vortrag mit einer Bezugnahme auf Hannibal Lecter, den psychopathischen Killer aus *Das Schweigen der Lämmer*. Und stell dir jetzt deinen letzten Satz vor: »Haben die Lämmer aufgehört zu schreien?«

Ein Regenrohr schlägt ein floskelhaftes »Vielen Dank für Ihre Aufmerksamkeit« um Längen!

Kristallklare Übergänge

Fundament, drei Säulen, Dach, Regenrohr – dein Strukturgebäude steht jetzt. Ein allerletztes wichtiges Detail in deiner Vortragskonstruktion fehlt noch: die Übergänge zwischen den einzelnen Bauelementen.

Oft sitze ich in meinen Trainings, höre mir Reden an und denke danach: »Ja, das hatte Struktur. Aber ich wusste nie wirklich, wann ein Teil aufhört und der andere anfängt.« Kristallklare Übergänge helfen deinem Publikum, deinem Vortrag zu folgen.

Beispiele für Übergänge sind:

- »Aber das ist nicht alles. Ein weiterer entscheidender Faktor ist …«
- »Der dritte und wichtigste Vorteil ist …«
- »Als alles in Butter schien, machten wir den größten Fehler unserer Unternehmensgeschichte.«
- »Wo Schatten ist, da ist auch Licht.«
- »Doch die Reise ging weiter.«
- »Fünf Jahre später in unserer neuen Firmenzentrale.«
- »Wie sieht die Zukunft aus?«

Gratuliere, dein Speech Structure Building ist jetzt komplett!

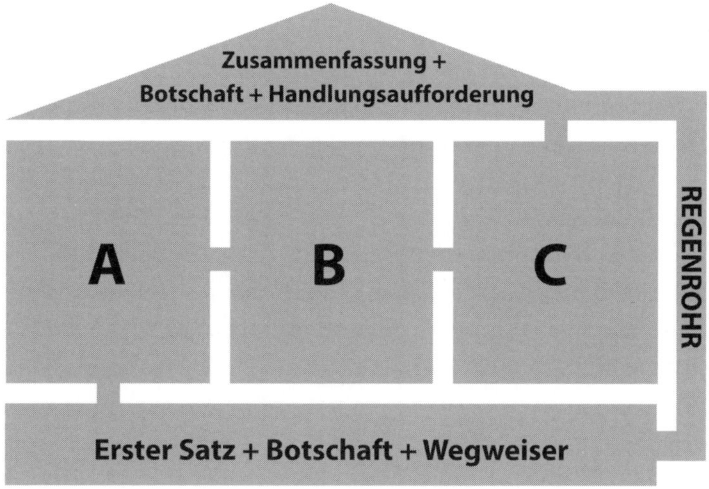

Komplettes Speech Structure Building

Rede basteln in fünf Minuten

Ob Hochzeitsrede, Investoren-Pitch oder Kundentelefonat – seit vielen Jahre lehre ich nun schon eine simple Vier-Schritt-Methode zur Strukturierung jeder Form von Kommunikation. Du brauchst nichts weiter als ein Stück Papier, einen Stift und einen Klecks Kreativität.

Nehmen wir an, du müsstest eine Hochzeitsrede für einen deiner besten Freunde – in meinem Fall wäre es Christoph Reisner – halten. Wie würdest du diese Rede in vier Schritten vorbereiten?

1. Inhalte sammeln

Ohne Inhalt keine Rede, sonst wäre es Pantomime. Deshalb sammle ich Inhalte für meine Hochzeitsrede für Christoph. In diesem Fall bietet es sich an, Charaktereigenschaften zu sammeln, die ich an ihm schätze. Die Inhalte hängen dabei stets vom Präsentationszweck und -ziel ab. Bei einer Produktpräsentation könnten es beispielsweise Produktvorteile sein, bei einem Investoren-Pitch gute Gründe für ein Investment.

Ich sammle immer mindestens fünf Unterthemen, weil wir auf den ersten Blick verborgene Inhaltsjuwelen gerne übersehen. Die gefundenen Themen fasse ich stets in einem Wort zusammen, denn mit einem einzigen Substantiv kann das menschliche Gehirn unglaublich viel assoziieren.

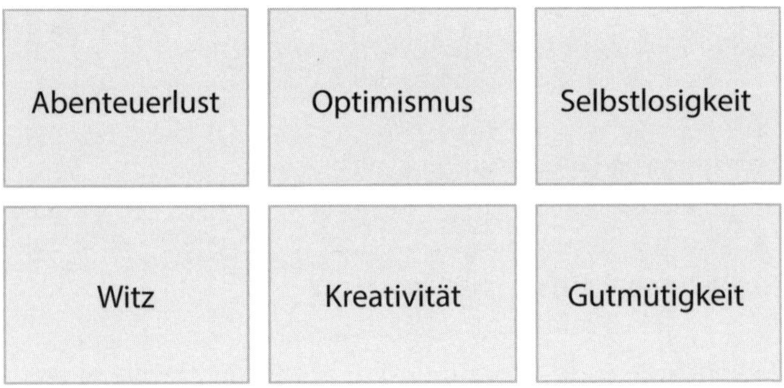

Themenbeispiele

2. Drei Themen auswählen

Weniger ist mehr, lautet jetzt die Devise. Denn: Wie viele Einzelargumente, Vorteile, Punkte oder Beispiele könntest du dir bei einer 20-minütigen Präsentation merken? In der Regel geht bei sieben bis acht Punkten auch bei den Intelligentesten das Licht aus. Ich hatte mal eine Bankerin aus Madrid, die auf einer einzigen (!) Folie 27 Aufzählungspunkte präsentierte. Ich wusste gar nicht, dass Arial 6 existiert! So etwas ist pure Zeitverschwendung, sowohl für das Publikum als auch für den Redner.

Wie schon gesagt, ist die Drei eine magische Zahl in der Rhetorik. Denn drei Punkte können wir uns gut merken. Deshalb wähle ich nun die drei wichtigsten Eigenschaften von Christoph aus.

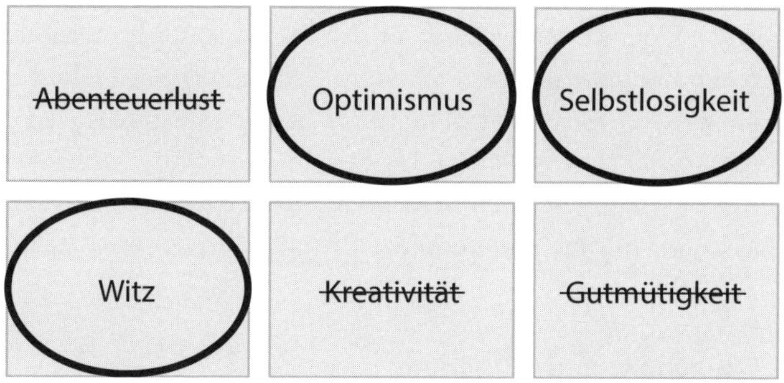

Auswahl dreier Themen

3. Klimax bauen

Vergangenheit, Gegenwart, Zukunft; Pro und Contra; erstens, zweitens, drittens – Struktur hat viele Gesichter. Eine Struktur, die für alle Reden geeignet ist, heißt Klimax, der Höhepunkt. Abgesehen von der offensichtlichen sexuellen Konnotation ist Klimax ein rhetorisches Mittel der alten Griechen (mehr dazu in Schritt 5).

»Gut, besser, Paulaner« ist genau das – eine inhaltliche Steigerung bis zum Höhepunkt. Das Publikum liebt diese dramaturgische Steigerung. Als Standard empfehle ich deshalb eine Gut-besser-am besten-Struktur für die Säulen, den Redekörper: A = gut, B = besser, C = am besten.

Im dritten Schritt baue ich eine Klimaxstruktur. Hierfür zäume ich das Pferd mental immer von hinten auf. Ich betrachte die drei ausgewählten Eigenschaften von Christoph und überlege,

»Welche davon ist seine beste Eigenschaft als Freund?« Ich denke an die Zeiten, als es mir finanziell richtig schlecht ging. Da war einer immer für mich da. Selbstlosigkeit ist also das C. Als Nächstes vergleiche ich die übrigen Eigenschaften. Was ist wertiger: Witz oder Optimismus? Witz ist gut, aber was ich wirklich brauchte in jenen Tagen war Christophs unerschütterlicher Optimismus. Witz ist demnach A, Optimismus B.

Nun habe ich eine Klimaxstruktur für den wichtigsten Teil meiner Rede, den Redekörper: Witz, Optimismus, Selbstlosigkeit.

4. Speech Structure Building

Im vierten und letzten Schritt konstruiere ich das Speech Structure Building. Es fehlen nur noch die Einleitung (das Fundament), der Schluss (das Dach) sowie das Regenrohr.

Als ersten Satz wähle ich das Muster der geschlossenen Frage: »Wer von euch denkt, dass Christoph ein cooler Typ ist?« Ich kenne die Reaktion, es ist schließlich seine Hochzeit. Ich schieße mit einer zweiten, rhetorischen Frage nach: »Glaubt ihr, dass Christoph ein guter Freund ist?« Die einstimmige Antwort: »Jaaa!« Jetzt leite ich zur Botschaft über. »Für mich ist Christoph mehr als ein guter Freund. Für mich ist Christoph weit mehr als ein guter Freund. Für mich ist Christoph Inspiration.« Zeit für den Wegweiser. »Und es gibt drei Eigenschaften von Christoph die mich ganz besonders inspirieren.« Es folgen die drei Säulen – Witz, Optimismus und Selbstlosigkeit – mit jeweils einem konkreten, korrespondierenden Beispiel oder einer persönlichen Geschichte.

Ich komme zum Schluss, dem Dach, mit einer Zusammenfassung, der Botschaft und einer Handlungsaufforderung: »Christoph war in der Vergangenheit immer da für mich, als ich ihn brauchte, oft ohne an sich selbst zu denken. Christoph glaubte mit seinem unerschütterlichen Optimismus immer an mich, auch als nur wenige an mich glaubten. Christoph versprüht immer und überall beste Laune, er ist ein Gute-Laune-Flummi. Deshalb kann ich nur sagen: Für mich ist Christoph Inspiration. Christoph, mach heute und hier auf diesem ganz besonderen Fest weiter mit deiner ganz besonderen Gabe: Sei diese federleichte Inspiration für diese tonnenschwere Welt, in der wir leben.«

Fehlt nur noch eines, das Regenrohr. »Mein lieber Christoph, danke für alles! Danke für all die schönen vergangenen und zukünftigen Erinnerungen! Danke, dass du so ein cooler Typ bist. Danke, dass du so ein guter Freund bist. Danke für deine Inspiration.«

Dein Speech Structure Building ist jetzt komplett.

Fünf Minuten, vier einfache Schritte

Mittlerweile habe ich mit der Speech-Structure-Building-Methode Hunderte von Reden gebaut. Besonders lustig sind die spontanen Redethemen, die mir meine Teilnehmer in meinen Seminaren geben. Was da schon alles dabei war: die Evolution der Windel, die S-Bahn-Stammstrecke 2 in München, ein unabhängiges Katalonien, der Berliner Zoo, mein zukünftiges Leben und vieles mehr. Heute kann ich ohne Übertreibung sagen, mit dem Speech Structure Building strukturiere ich jede Rede, jede Präsentation, jeden Vortrag, in fünf Minuten und in vier einfachen Schritten:

1. Inhalte sammeln
2. Drei auswählen
3. Klimax bauen
4. Speech Structure Building

Wenn das Gebäude einmal steht, beginnt die rhetorische Arbeit erst richtig. Logos, Ethos, Pathos, Zitate, Geschichten, Humor, visuelle Hilfsmittel – in den weiteren Schritten wirst du viele Tipps und Tricks mit auf den Weg bekommen. Den für mich wichtigsten ersten Schritt hast du aber bereits hinter dir gelassen. Deine Vortragsstruktur steht jetzt. Du bist bereit für den nächsten Inhaltsschritt, die rhetorischen Mittel.

Schritt 5: Rhetorische Mittel

Danke, Frau Gebhardt

Hast du dein Auto bei der HUK Coburg versichert? Die Chance ist hoch. Coburg in Nordbayern ist meine Heimatstadt, und das Gymnasium Ernestinum war meine geliebte Schule. Eine meiner Lieblingslehrerinnen war Frau Gebhardt, unsere Deutschlehrerin in der siebten Klasse. Sie trug ihr Haar damals kurz und frech wie Nena. Ihre 1,58 Meter Körpergröße schadeten ihrer Autorität in keiner Weise. Frau Gebhardt war ein Energiebündel. Und sie brachte uns viel bei, zum Beispiel die Wirkung rhetorischer Mittel. In der Klassenarbeit zu dem Thema bekam ich damals eine Eins. Ich liebte rhetorische Mittel schon damals, wusste aber nicht, dass sie mein späteres Berufsleben derart nachhaltig beeinflussen sollten. Heute kann ich nur sagen: »Danke, Frau Gebhardt, für Ihre Inspiration!«

Graue Masse, rhetorisches Gold

Was sind rhetorische Mittel? Wenn du eine Definition suchst, Wikipedia wird eine gute Antwort liefern. Zum Beispiel, dass sie Gestaltungsmittel sind, die im Rahmen des Vortrags dem Redeschmuck dienen und bei der Erfüllung der *officia oratoris*, dem Redezweck, helfen sollen.

Das klingt mir aber zu theoretisch. Wenn ich alle Vorträge Revue passieren lasse, die ich in meinem Leben gehört habe, dann sehe ich eine riesige graue Masse. Unsere Reden sind grau, eine langweilige Aneinanderreihung von nichtssagenden, generischen Worthülsen. Am besten noch verkettet mit unzähligen »Und«-Konjunktionen, welche die graue Rede zu einem unendlichen, zähen Kaugummi werden lassen.

Doch es geht auch anders. Rhetorische Mittel sind goldene Tupfer in der grauen Inhaltsmasse. Mein Toastmasters-Freund und Weltmeister in der freien Rede im Jahr 2011, Jock Elliott aus Australien, sagt: »Rhetorische Mittel zu kennen ist gut. Sie zu erkennen ist besser. Sie anzuwenden ist rhetorisches Gold.«

Alles, was wir sagen, alles, was wir vortragen, egal welchen Inhalt wir vermitteln, können wir immer anders und noch besser sagen. Abraham Lincoln sagte Dinge anders. John F. Kennedy sagte Dinge anders. Margaret Thatcher sagte Dinge anders. Und du kannst und wirst Dinge auch anders sagen.

Klar ist, alles Gute im Leben braucht Zeit. Gute Kommunikation braucht Zeit. Einen guten Vortrag vorbereiten braucht Zeit. Doch genau die fehlt uns: Meetings, Telefonkonferenzen, noch mehr Meetings – und dann noch einen Vortrag rhetorisch aufpeppen?

Dieser Schritt ist auch nicht für jede Präsentation nötig. Ich sage meinen Seminarteilnehmern: »Ihr müsst nicht jedes Mal eine zweite Powerpoint-Präsentation stricken, wenn ihr etwas mit Folien präsentieren wollt. Aber wenn es wichtig wird – Investoren-Pitch, Präsentation einer Idee, Budgetpräsentation – dann müsst ihr eine zweite Version bauen. Folien, die eure Rede nicht ersetzen, sondern komplementieren.«[7]

Dasselbe gilt für deinen Redeinhalt. Wenn der Vortrag wichtig ist, ist Grau definitiv nicht die richtige Farbe. In dem Fall muss es Gold sein.

Hier habe ich für dich 25 rhetorische Mittel zusammengetragen, die deinen grauen Vortrag in rhetorisches Gold verwandeln können.

Alliteration

Wiederholung funktioniert, Wiederholung funktioniert, Wiederholung funktioniert. Wiederholungen bleiben im Gedächtnis hängen wie eine Fliege im Spinnennetz. Im Falle der Alliteration wiederholst du den ersten konsonantischen Klang. Wie bei »Veni, vidi, vici« von Gaius Julius Cäsar.

Weitere Beispiele sind:

- Unsere Zahlen sind zauberhaft.
- Die Konjunktur knabbert an unserem Käse.
- Unsere Vision geht weit über das hinaus, was wir heute wissen wollen.

Nutze kostenlose Wörterbücher im Internet, wie zum Beispiel Openthesaurus, und finde alliterative Synonyme. Baue sie absichtlich in deinen Vortrag ein!

Allusion

Allusion ist eine kurze, informelle Referenz zu einer berühmten Person oder einem berühmten Ereignis. Ein wunderbares Mittel, um deinem Publikum den Kontext einer Begebenheit besser verständlich zu machen.

Dreihundertfünfzig Anwälte sitzen vor mir, die Besten ihres Jahrgangs. Siebenhundert skeptische Augen sind auf mich gerichtet. Nach neun Minuten Vortrag ruft einer aus dem Publikum: »Asozial!« Das war mein persönliches Waterloo als Vortragsredner. Das Problem war: Ich war Napoleon.

Weitere Beispiele sind:

- Wenn wir unser Projekt noch zum Erfolg führen wollen, brauchen wir den Spirit von Leonidas und seinen 300.
- Als die Mauer fiel, war ich auf dem Höhepunkt meiner Pubertät.
- Wie würde Odysseus handeln in unserer Situation?
- Ihr denkt, wir haben ein Problem? Pompeij hatte ein Problem!

Amplifikation

Eines meiner fünf Lieblingsmuster für den Einstieg in einen Vortrag ist das Ein-Wort-Muster (vergleiche Schritt 3). Wenn du diesen Einstieg wählst, bietet sich das rhetorische Mittel der Amplifikation bestens an, um von Beginn an Spannung aufzubauen.

Stell dir folgenden Einstig vor:

»Zusammenhalt. *[dramaturgische Pause]* Zusammenhalt ist wichtig. *[dramaturgische Pause]* Zusammenhalt ist wichtig, denn ... ohne Zusammenhalt gibt es kein Team.«

Amplifikation ist Wiederholung, Amplifikation ist Spannung. Amplifikation ist wie Lego: Mit jedem Stein wird das rhetorische Konstrukt deutlicher, voller, schöner.

Anadiplose

Einmal fing ich meinen Vortrag so an: »Ich bin aus Weidach. Weidach ist ein kleines Kaff in Oberfranken. Aus diesem kleinen Kaff in Oberfranken bin ich in die weite Welt gezogen ... nach Bamberg. In Bamberg lernte ich nicht nur BWL, sondern auch meine Freunde fürs Leben kennen. Meine Freunde fürs Leben sind Dennis, Boris, Tiho, Yves, Mike, Sascha. Freundschaft ist heute mein wichtigster Wert im Leben.«

Die Wiederholung von einzelnen Wörtern oder Wortgruppen am Beginn eines Satzes oder Satzteils fräst die Inhalte ins Gedächtnis.

Anapher

Geh in Gedanken zurück zur Speech-Structure-Building-Methode. Erinnere dich an die Zusammenfassung, das erste Element im Dach des Vortrags, den Schluss.

Eine Politikerin wie Angela Merkel würde nie sagen: »Die CDU steht für soziale Gerechtigkeit, wirtschaftliche Stabilität und ein nachhaltiges Deutschland.«

Eine Politikerin wie Angela Merkel würde immer sagen: »Die CDU steht für soziale Gerechtigkeit. Die CDU steht für wirtschaftliche Stabilität. Die CDU steht für ein nachhaltiges Deutschland.«

Warum? Weil der Begriff CDU dank der Wiederholung am Satzanfang besser in Erinnerung bleibt.

Liebe ist die Frage, Liebe ist die Antwort, Liebe ist alles. Politiker werden nicht immer geliebt, aber immer lieben sie Anaphern.

Antithese

Google kann die Anzahl der Mandeln an meinem Mandelbaum im Garten zählen. Aber keiner kann mir die amerikanische Flagge auf dem Mond zeigen – klar. Doch dieses Buch dreht sich nicht um Verschwörungstheorien, sondern um Rhetorik. Der Kontrast zwischen zwei Ideen in einem Satz regt definitiv zum Denken an. Das ist die Wirkung der Antithese.

- Auch kalte Kunden können heiße Leads sein.
- Martin Luther King jr. zürnte mit dessen Politik, aber er liebte sein Land.
- Das ist ein kleiner Schritt für einen Menschen, aber ein riesiger Sprung für die Menschheit.

Neil Armstrongs Antithese ist für die Ewigkeit. Ich liebe die Antithese.

Assonanz

Ich bin nicht Shakespeare, aber ich fühle es: Mit Musikalität gewinnt das gesprochene Wort an Wert. Mit Reimen zum Beispiel. Goethe, Schiller, Helge Schneider – klingt nicht alles besser, wenn es sich reimt? Der Reim ist die hohe Kunst der Assonanz. Assonanz im gesprochenen Wort ist die Aneinanderreihung gleicher vokaler Klänge in aufeinanderfolgenden Worten mit verschiedenen Konsonanten.

In einer meiner Büttenreden beim Karnevalsverein Weidach, meinem Heimatverein, sagte ich: »Horden rollen an auf ihren X30-Rollern, während Blumenweg 18 wird immer voller und toller.«

Asyndeton

Die Konjunktion ist generell nicht der Freund des Redners. Gute Redner lieben kurze Sätze und Pausen. Das rhetorische Mittel Asyndeton hilft dabei: Es eliminiert die Und-Konjunktion in Aufzählungen:

- Die freie Rede ist Selbstvertrauen, Botschaft, Wirkung.
- Unser Unternehmen ist Vergangenheit, Gegenwart, Zukunft.

Chiasmus und Antimetabole

Im Altgriechischen heißt *Chi* Kreuz. Bei einem Chiasmus wiederholen wir gleiche Worte oder Satzteile in umgekehrter Reihenfolge. Die Satzstruktur ist wie beim Namen der schwedischen Band ABBA.

Wenn wir die gleichen Worte verwenden, sprechen wir von dem Spezialfall Antimetabole. Wie bei dem Jahrhundertsatz von John F. Kennedy: »Ask not what your country can do for you. Ask what you can do for your country.«

Ein echter Chiasmus wäre: Meine Angst lässt mich schreien, aber meine Schreie machen mir Mut.

Epiphora

Die Epiphora ist das Gegenteil der Anapher. Nicht der Anfangsteil von Sätzen oder Satzteilen wiederholt sich, sondern das Ende.

»Als ich ein Kind war, sprach ich wie ein Kind, ich verstand wie ein Kind, ich dachte wie ein Kind.« – Der Apostel Paulus

Meine Lieblings-Epiphora ist wiederum von John F. Kennedy. Schau dir auf Youtube seine Ich-bin-ein-Berliner-Rede an. In dieser Rede verwendet er vier Absätze, die alle und unter großem Jubel mit dem Satz enden: »Let them come to Berlin!« Großes rhetorisches Kino!

Epizeuxis

Jede Handout-Version einer Powerpoint-Präsentation sollte mindestens einen Epizeuxis-basierten Titel beinhalten. Beim Epizeuxis wiederholst du ein Wort mehrfach, um ihm Nachdruck zu verleihen. Etwa: Produktivität, Produktivität, Produktivität. Auch Shakespeare liebte Epizeuxis. Macbeth sagt: »Oh Horror, Horror, Horror.«

Eponomasie

Bei der Eponomasie nutzt du eine berühmte Person, die für ein bestimmtes Attribut bekannt ist, um eine bestimmte Eigenschaft einer anderen Person hervorzuheben.

- Ob Álvaro schnell ist? Er ist ein Usain Bolt.
- Unser neuer Kollege hat mehr Biss als Leonidas.
- Sie ist die Oprah Winfrey der Sympathie.

Hyperbel

Die Übertreibung ist nicht nur ein Muster für Humor, sondern auch ein rhetorisches Mittel.

- Der Bericht wog eine Tonne.
- Ich kann Ihnen 1000 gute Gründe nennen, warum Sie in dieses Projekt investieren sollten.

Klimax

Im Strukturkapitel habe ich das rhetorische Mittel Klimax bereits erörtert. Neben den Säulen deines Redekörpers ist Klimax auch ein gutes Stilmittel im Rahmen deines Redeinhalts im Allgemeinen.

- Das Gute an Barcelona ist das Essen. Was noch besser ist, ist das mediterrane Flair. Aber am allerbesten gefällt mir die Sonne.
- Wir haben eine gute Marktpräsenz. Wichtiger aber sind unsere persönlichen Kontakte. Und das Wichtigste? Die Entscheider lieben uns.

Metapher

In meiner Diplomprüfung im BWL-Studium in Bamberg war Marketing eines meiner Hauptfächer. In der schriftlichen Prüfung hatte ich eine glatte Vier. Ich war enttäuscht. Dann kam die mündliche Prüfung. In der mündlichen Prüfung bestand für uns die Option, mit einem Kurzvortrag von fünf Minuten zu beginnen. Darauf aufbauend würde der Prüfer weitere Fragen stellen. Mir war sofort klar: »Du musst anders anfangen als alle anderen!«

Ich wählte eine Metapher. Es war interessant zu beobachten, wie sich die Gesichtszüge des Professors und des Assistenten veränderten, als ich zu reden begann – von gezwungenem Interesse zu echter Neugier. Ich erzählte davon, wie die Marketingwelt früher ein Dschungel war, in dem wir die Jäger waren. Wir jagten unsere Beute, die Kunden. Wir segmentierten unser Jagdrevier. Wir stellten Fallen auf, die Werbung hießen. Und wir mussten schneller sein als die anderen Jäger, unsere Wettbewerber. Doch das habe sich geändert, meinte ich. »Heute sind wir keine Jäger mehr, heute sind wir Gärtner. Wir müssen den Boden sorgfältig bestellen, auf dem die zarte Pflanze, unser Kunde, wächst. Wir müssen sie gießen mit Kundenservice. Wir müssen den Boden düngen mit Kundenbindungsinstrumenten …« Am Ende erhielt ich eine 1,7 in der mündlichen Prüfung – mit Sicherheit auch dank der Jäger-Gärtner-Metapher.

Oxymoron

Glücklich geschieden, ein schaurig-schönes Geschäftsjahr, sympathische Anwälte – ein Oxymoron verbindet zwei widersprüchliche Begriffe. Aufgrund der Widersprüchlichkeit bleibt die Aussage besser im Gedächtnis hängen.

Paradox

Ein Paradox ist laut Wikipedia die »scheinbare Widersprüchlichkeit oder Formulierung einer Idee, die der üblichen Meinung widerspricht.«[8]

Der große Oscar Wilde meinte: »Ich kann allem widerstehen, außer der Versuchung.«

Oder ein anderes Beispiel: Wir werden für Sie die Zeit investieren, die wir nicht haben.

Paralipse

Einer meiner absoluten Favoriten unter den rhetorischen Mitteln – die Paralipse. *Paralipsis* bedeutet ursprünglich »etwas weglassen«. Ich sage nicht, was ich sage. Die Paralipse bietet sich zum Beispiel an, wenn du etwas politisch nicht ganz Korrektes sagen musst: »Würde ich heute schon die aktuellen Geschäftszahlen verkünden, dann hätten einige Kollegen hier im Raum keinen Hunger mehr. Deswegen werde ich den Umsatzeinbruch von 35 Prozent an dieser Stelle nicht erwähnen.«

Die Paralipse ist auch bestens geeignet, viele Inhalte zu vermitteln, ohne das Publikum mit Informationen zu überfrachten. »Ich könnte heute über alle sieben KPIs[9] Ihres Geschäftsmodells referieren. Zum Beispiel die Conversion-Rate, die sich um 25 Prozent verbessert hat im Vergleich zum Vorjahresmonat. Werde ich aber nicht tun. Genauso wenig werde ich über … sprechen. Heute fokussiere ich das Thema Rücksendungen.«

Parallelismus

Wie der Name schon sagt, folgen beim Parallelismus zwei Sätze oder Satzteile der gleichen Struktur. Ein bekanntes Beispiel ist: »What you see is what you get.«

Personifikation

- Unsere Zahlen schreien, jammern, weinen.
- Unsere Bilanz segelt hart am Wind.
- Unsere Logistik ruft schon seit Wochen nach Hilfe.

Objekte, Gegenstände oder auch Tiere erhalten durch die Personifikation menschliche Eigenschaften. Sie wirken dadurch lebendiger.

Pleonasmus

Beim Pleonasmus, auch Tautologie genannt, erfolgt eine Aneinanderreihung sinngleicher Worte, um die Wirkung der Aussage zu verstärken. In einer meiner Toastmasters-Wettbewerbsreden aus dem Jahr 2010 brachte ich zum Ausdruck, wie schrecklich ich mich fühlte, als ein Klassenkamerad zu mir sagte: »Meine Güte, was du da anhast. Wie altmodisch!« Ich fühlte mich schrecklich, »disastrous«. Aber ich wollte das Gefühl verstärken. Ich suchte auf Thesaurus.com nach Synonymen und fand eine wunderbare Dreier-Alliteration: »It was a dire, dreadful, disastrous feeling!« Mit diesem Pleonasmus wurde aus schrecklich noch viel schrecklicher.

Prokatalepsis

Es dauerte drei Wochen, bis ich mir endlich diese fünf Silben merken konnte. Prokatalepsis, ein weiterer Husarenstreich der alten Griechen. Der Redner antizipiert einen Einwand des Publikums und gibt eine plausible Antwort. Die Prokatalepsis nimmt somit dem Gegner den Wind aus den Segeln: »Viele sind der Meinung, dieses Projekt könne aus Gründen des Umweltschutzes nicht realisiert werden. Diese Leute wissen aber nicht, dass wir bereits heute alle Umweltauflagen übererfüllen. Zum Beispiel haben wir …«

Rhetorische Frage

Wenn ich meine Seminarteilnehmer frage, was eine rhetorische Frage ist, kennen die meisten die Antwort. Auf eine rhetorische Frage erwartet der Fragende keine (informative) Antwort, sondern es geht ihm dabei um die verstärkende Wirkung seiner Aussage.[10] Bei einer rhetorischen Frage ist die Antwort offensichtlich – in den meisten Fällen »Ja« oder »Nein«.

Wenn ich dann nachhake und frage, warum die alten Griechen rhetorische Fragen gestellt haben, wird das Eis dünner. Eine Antwort, die ich häufig höre, ist: »Weil sie zum Denken anregt.« Nur halbrichtig, denn alle Fragen regen zum Denken an. »Wann warst du zum letzten Mal glücklich?« Siehst du, du musstest gerade nachdenken!

Wer trifft sich in den ersten zwei Minuten jedes Vortrags? In den ersten zwei Minuten jedes Vortrags treffen sich ein skeptisches Publikum und ein nervöser Redner – eine himmlische Mischung!

»Lieben Sie Ihren kleinen Engel?« Alle Eltern im Saal haben keine Chance. Sie sagen »Ja!« oder sie nicken. Das heißt, sie stimmen dir zu. Und das ist die Macht der rhetorischen Frage – Zustimmung. Ein zustimmendes Publikum ist weniger skeptisch.

Es gibt wie immer in der Rhetorik Negativbeispiele. »Wollt Ihr den totalen Krieg?« war die totale Manipulation. Mein Freund Conor Neill aus Irland, Rhetorikprofessor an der IESE Business School in Barcelona, sagt: »Der Unterschied zwischen Manipulieren und Überzeugen ist folgender: Manipulation ist, wenn du jemanden dazu bringst, etwas zu tun, was gut für dich ist. Überzeugen ist, wenn du jemanden dazu bringst, etwas zu tun, was gut für beide ist.« Im Sinne des Überzeugens wirken rhetorische Fragen Wunder.

Synekdoche

Ein weiteres rhetorisches Mittel, um Dinge anders zu sagen. Indem wir Dinge anders sagen, bleiben sie besser im Gedächtnis hängen. Synekdoche ist eine Art Metapher, bei der ein Teil für das Ganze steht.

- So viel Hirn im Raum – da frage ich mich, wo bleibt die Lösung?
- Unser täglich Brot gib uns heute!
- Vier Fäuste für ein Halleluja

Vergleich

Ebenso wie die Metapher ist der Vergleich eine Analogie. Der Vergleich veranschaulicht einen Sachverhalt und macht ihn dem Publikum verständlicher.

- Wir haben in der Marketingabteilung gekämpft wie Löwen.
- Wir befinden uns mit unserem Prototyp in der gleichen Lage wie Bill Gates damals in seiner Garage: perfektionieren und vermarkten oder vermarkten und perfektionieren?
- Manchmal müssen wir denken wie Jochen Schweizer, der sagt: »Wer etwas riskiert, kann verlieren. Wer aber nichts riskiert, der hat schon verloren.«

Alliteration, Allusion, Amplifikation, Anadiplose, Anapher, Antithese, Assonanz, Asyndeton, Chiasmus, Epiphora, Epizeuxis, Eponomasie, Hyperbel, Klimax, Metapher, Oxymoron, Paradox, Paralipse, Parallelismus, Personifikation, Pleonasmus, Prokatalepsis, rhetorische Frage, Synekdoche, Vergleich – 25 Mal rhetorisches Gold mit rhetorischen Mitteln.

Rhetorische Mittel sind megamächtig. Doch dauert es lange, bis wir sie verinnerlicht haben. Ich empfehle dir: Fang langsam an, Schritt für Schritt. Ein neues rhetorisches Mittel pro Vortrag oder Präsentation. Ein kleiner Schritt für einen Menschen …

Schritt 6: Zitate

Die Klugheitsformel

Seine Stimme war rauer Wind. Was er sagte, war bissig und scharf, aber immer angenehm auf den Punkt. Der Mann war 25 Jahre lang der Chef einer bekannten Bremer Brauerei. Als ich ihn im Jahr 2005 im baskischen Bilbao traf, war er Aufsichtsratschef eines DAX-Unternehmens. Der Topmanager war Ehrengast eines nordspanischen Treffens deutscher Manager und Unternehmer. Als junger Unternehmensberater war ich mit an Bord – und schwer beeindruckt. Am meisten beeindruckte mich seine wiederholte Verwendung von Zitaten in seiner Rede im Golfclub Getxo. Mindestens zehn Zitate in einer Dreiviertelstunde. Sie verliehen ihm Glaubwürdigkeit, Autorität, intellektuelle Größe.

Wir saßen beim Abendessen in kleiner Runde. Acht Leute, der Topmanager am Tischende, ich daneben. Bei baskischen Pinchos und schwerem Rioja diskutierten wir über Politik, Spanien und das Leben. Ich war laut, ich war selbstsicher, ich war grün hinter den Ohren. Nach einer meiner Worthülsen der Weltklugheit sagte er zu mir: »Wissen Sie, Herr Mück, Klugheit ist die Summe aus Intelligenz und Erfahrung. Sie können so intelligent sein, wie sie wollen, sie werden nie klüger sein als ich.«

Ich dachte: »Wow, er baut sogar seine eigenen Zitate.« Heute zitiere ich ihn und seine Klugheitsformel immer und überall.

Mehr Ethos, mehr Intellekt

Abraham Lincoln, Mahatma Gandhi, Platon, Mutter Teresa, Martin Luther King jr., Gorbatschow, Ovid, Marie Curie, Cicero, Nelson Mandela, John F. Kennedy, Sokrates, Steve Jobs – was haben all diese Damen und Herren gemeinsam? Sie sind Persönlichkeiten, die aufgrund ihrer außergewöhnlichen Lebensleistung bekannt und berühmt geworden sind. Und noch etwas haben sie gemeinsam: Viele ihrer Worte und Sprüche sind weise Worte und Sprüche – prädestiniert für Zitate.

Zwei der Einflussfaktoren für mehr Ethos, mehr Glaubwürdigkeit als Redner, sind Reputation und Autorität. Wir schenken Menschen mehr Glauben, wenn ihre Leistung allgemein anerkannt wird und sie Experten auf ihrem Gebiet sind. Mit Zitaten bereichern wir unser eigenes Ethos. Wir bedienen uns der Reputation und Autorität anderer, um unsere eigene Botschaft zu untermauern. Wir stehlen Ethos, ohne Diebe zu sein.

Neben dem Aspekt der Glaubwürdigkeit bewundern wir Vortragende auch aufgrund ihres Intellekts. Als der Topmanager in Bilbao gezielt seine Zitate platzierte, von römischen Größen der Antike bis zu Wirtschaftsweisen der Moderne, war ich schwer beeindruckt.

Hier sind fünf meiner Lieblingszitate, die ich in meinen Trainings und Vortragsreden und in diesem Buch wiederholt einsetze:

- »Alle Verallgemeinerungen sind falsch, diese eingeschlossen.« – Mark Twain
- »Einfachheit ist die höchste Stufe der Vollendung.« – Leonardo da Vinci
- »Nichts Großes wurde jemals ohne Enthusiasmus erreicht.« – Ralph Waldo Emerson

- »Einige Leute wollen von ihrem Publikum geliebt werden. Ich liebe mein Publikum.« – Luciano Pavarotti
- »Perfektion ist nicht dann erreicht, wenn es nichts mehr hinzuzufügen gibt, sondern wenn man nichts mehr weglassen kann.« – Antoine de Saint-Exupéry

Mehr Ethos, mehr Intellekt – mit Zitaten steigerst du den inhaltlichen Wert deines Vortrags.

Klischee ist Ebola

Unschöpferische Nachbildung, Abklatsch, überkommene Vorstellung, abgegriffene Redensart oder Redewendung – wenn du im *Duden* das Wort Klischee aufrufst, wird dir als Redner schlecht.

Ich sage meinen Seminarteilnehmern immer: »Klischee ist Ebola, halte dich fern vom Klischee!« Warum? Weil alte Kamellen dein Publikum langweilen. Und es gibt nichts Schlimmeres als ein gelangweiltes Publikum!

Auch im Reich der Zitate geht die Klischee-Epidemie um. Kennst du den Film *Die üblichen Verdächtigen*? Auch im Reich der Zitate gibt es sie, die üblichen Verdächtigen. Es ist immer Mahatma Gandhi, es ist immer Nelson Mandela, es ist immer Winston Churchill, es ist immer Mutter Teresa, es ist immer Martin Luther King jr. Gefühlt beinhaltet jede vierte Businesspräsentation auf Konferenzen eine Folie, auf der steht: »You must be the change you wish to see in the world.« – Mahatma Gandhi.

Wandel selbst ist ein Klischeethema bei Businesspräsentationen. Aber wenn schon Wandel, warum dann nicht mal zur Abwechslung ein Zitat von Leo Tolstoi nehmen? »Alle denken daran, die Welt zu ändern, aber keiner denkt daran, sich selbst zu ändern.«

Professionelle Redner werden nicht müde, alte Wege mit anderen Worten zu beschreiten. Suche auch du nach frischen Zitaten, weil Klischee Ebola ist.

Mama hat immer Recht

Wie viele Menschen können ihre Mutter nicht leiden? Wie viele Menschen hassen ihre Mutter? Die genaue Zahl kenne ich nicht, aber ich weiß, es ist eine große Minderheit der Gesellschaft.

Wie viele Waisenkinder gibt es in Deutschland? Im Jahr 2004 gab es laut dem Statistischen Bundesamt 33.100 Waisenkinder in Deutschland. Dies entspricht 0,4 Prozent der damaligen Gesamtbevölkerung.

Menschen, die ihre Mutter nicht leiden können und Waisenkinder – das sind die zwei Teilmengen deines Publikums, die du mit Mama-Zitaten nicht erreichst. Die große Mehrheit dagegen liebt Mama-Zitate. Ich selbst zitiere meine Mama ständig.

Einmal fragte ich sie: »Mama, mit deinen 42 Jahren Erfahrung als Grundschullehrerin, mit allem, was du erlebt hast, was ist deine größte Lektion?« Nach einer langen Pause, zwei Schluck Bier und Stirnrunzeln antwortete sie: »Wo kein Haken ist, kannst du keine Jacke hinhängen.« Es gibt einfach Menschen, egal ob Schüler, Mitarbeiter oder Familienmitglieder, die sich nicht verändern wollen. Da kannst du machen, was du willst. Wo kein Haken ist, kannst du keine Jacke hinhängen.

Jedes Mal, wenn ich meine Mama zitiere, ernte ich ein allgemeines Lachen. Jedes Mal, wenn Leute in meinen Trainings ihre Mama zitieren, honoriert es die Gruppe mit positivem Feedback. Es ist ganz einfach: Wir können uns mit den Weisheiten deiner Mutter identifizieren. Und überhaupt: Mama hat immer Recht!

Wenn wir jetzt noch alle Weisheiten aller Mütter und aller Väter aus allen Zeiten zusammennehmen, gelangen wir zu den Volksweisheiten, dem letzten Mitglied in der Zitatfamilie.

Zwei Fliegen mit einer Klappe

Die Römer nannten sie *sententia*, die Meinung, den Gedanken, das Urteil, das Sprichwort. Sprichwörter sind kurze, prägnante, meist auf einer Metapher beruhende Sätze, die volkstümliche Weisheiten und Erfahrungen auf den Punkt bringen. Wie Gandhi und die anderen üblichen Verdächtigen nagen auch Sprichwörter am Rand des Klischees. Doch wer könnte ihre Bedeutung ernsthaft infrage stellen?

- Alle Wege führen nach Rom.
- Aller Anfang ist schwer.
- Auch Rom wurde nicht an einem Tag gebaut.
- Besser spät als nie.
- Der Apfel fällt nicht weit vom Stamm.
- Derjenige, der sagt, es kann nicht gemacht werden, sollte nicht denjenigen unterbrechen, der es tut. – Chinesisches Sprichwort
- Nur tote Fische schwimmen mit dem Strom. – Internationales Sprichwort

Aufgrund ihrer Allgemeingültigkeit werden Sprichwörter vom Publikum als wahre Aussagen betrachtet. Das heißt sie unterstützen die logische Argumentation des Vortrags. Sie erhöhen dessen Logos-Wert. Auf Wikipedia findest du eine umfängliche Liste deutscher Sprichwörter.[11]

Meinungen von Experten, Aussagen berühmter Persönlichkeiten, Weisheiten deiner Mutter oder Sprichwörter – all diese Zitate sind rhetorische Highlights für den Inhalt deines Vortrags. Daher empfehle ich in der Regel meinen Seminarteilnehmern, ein Zitat pro Monat auswendig zu lernen. Das ist wie mit den Englischvokabeln früher in der Schule. Ein Zitat pro Monat – das finde ich machbar.

Schritt 7: Geschichten

Das Hänsel-und-Gretel-Problem

3.013 Tage war ich als Unternehmensberater tätig. 3.013 Tage war der Begriff »Überstunden« nicht Bestandteil meines aktiven Wortschatzes. Und 3.013 Tage spielte ich Bullshit-Bingo! Wertschöpfungsketten, Mehrwert, Werttreiber, Synergien, kritische Massen ... Hast du schon einmal eine kritische Masse gesehen? Wie sieht die aus? Was für ein Gesicht hat sie?

Heute bin ich froh, dass ich über acht Jahre lang mit diesem omnipräsenten Business-Jargon jongliert habe. Wie würde ich sonst meine Seminarteilnehmer verstehen? Heute weiß ich aber auch, dass wir diesen Jargon als Erschaffer von begeisternden Vorträgen in die Tonne treten müssen. Es sind leere Worthülsen. Es sind Worte wie von Politikern: Sie klingen gut, aber sie sagen nichts. Sie stellen keinerlei emotionale Verbindung zum Publikum her.

Mein Freund und professioneller Vortragsredner Peter Zinn aus den Niederlanden sagt: »In einer Zeit, in der es kein iPad gab, kein iPhone, keinen PC, kein Telefon, kein Fax, kein Telex – in einer Zeit, in der es nicht mal Telegramme gab, in diesen Zeiten war der Star am Lagerfeuer der ... Geschichtenerzähler.« Dank iPad und iPhone haben wir die Kunst des Geschichtenerzählens verlernt.

Weißt du, wie ein Geschäftsmann das Märchen von Hänsel und Gretel erzählt? Ein Geschäftsmann erzählt das Märchen von

Hänsel und Gretel so: »Hänsel und Gretel gehen in den Wald, essen etwas und gehen wieder heim.«

Wie bitte?! Wo ist die Kälte des Waldes? Wo ist das heiße Feuer? Wo ist die alte Hexe, die sagt: »Knusper, knusper Knäuschen, wer knabbert an meinem Häuschen?« Wo ist der Duft nach frisch gebackenem Lebkuchen? Wo ist die Angst, die Verzweiflung, der Mut, die Freude, der Triumpf? Wo ist die Geschichte?

In meiner Zeit als Unternehmensberater würde ich gesagt haben: »Ich hatte heute einen Kundentermin.« Ich hatte einen Kundentermin? Mit wem? Wo? Wann? Hat es geregnet, geschneit, schien die Sonne? Was war das Problem? Was war die Lösung?

Seit jeher lieben Menschen Geschichten. Und was machen wir im Geschäftsalltag? Wir erzählen überhaupt keine Geschichten. Um uns dann zu wundern, dass uns keiner zuhört. Wer ist der Einzige, der einem geschäftlichen Vortrag mit Powerpoint-Folien zuhört? Der Vortragende. Aber wir lieben Geschichten! Sie sind deshalb der herausragende Schritt der vier Inhaltsschritte. Ein Vortrag ohne persönliche Geschichten ist wie eine Suppe ohne Salz.

Drei gute Gründe gibt es, in einem Vortrag Geschichten zu erzählen. Erstens, du kennst die Geschichte. Sie ist schon in deinem Kopf. Notizen unnötig! Zweitens, nur du kennst die Geschichte. Sie steht in keinem Magazin, in keinem Buch, nicht einmal auf Wikipedia! Das heißt sie ist originell, einzigartig, persönlich. Drittens, gerade die kleinen, banalen Geschichten können Menschen inspirieren. Letzteres hätte ich bis zum Jahr 2005, in dem ich meine Leidenschaft für die freie Rede entdeckte, nie gedacht.

Wie auch schon bei Logos, Ethos und Pathos, müssen wir das Rad des Geschichtenerzählens nicht neu erfinden. Wir können es anders anmalen. Aristoteles nannte sie die sieben goldenen

Regeln für erfolgreiche Geschichten: Handlung, Charaktere, Thema, Dialog, Dekor, Chorus und Spektakel. Vier davon empfehle ich, sofort in Vorträge einzubauen. Drei der goldenen Regeln brauchen eine gute Portion Selbstvertrauen.

Ohne Handlung keine Geschichte

Gibt es Filme ohne Handlung? Gibt es Romane ohne Handlung? Auch Geschichten in Vorträgen brauchen eine Handlung. Sonst sind es keine Geschichten. Wann? Wo? Wer? Was? Warum? Wie? W-Fragen helfen dabei, eine Handlung aufzubauen.

Ich kann sagen: »Ich hatte gestern einen Kundentermin.« Oder ich sage: »Gestern habe ich Rolf Strotmann von Bofrost zum Mittagessen im Augustinerkeller in München getroffen. Rolf begrüßte mich wie immer mit seinem gigantischen Lächeln. Die schrille Stimme der burschikosen Bedienung sägte sich durch den Wirtshauslärm. Und dann, vier Weißwürste und drei halbe Weißbier später, verriet er mir den wahren Grund unseres Treffens.«

Sei viel deskriptiver, wenn du Geschichten erzählst. Dank beschreibender Details, wie etwa dem Wirtshauslärm, kann sich dein Publikum eine Situation besser vorstellen. Allerdings gilt auch hier: Weniger ist mehr. Wenn du ein Buch liest und deine Gedanken bei einem Absatz abschweifen, was machst du dann? Richtig, du liest ihn erneut. Diesen Luxus hat das Publikum bei einem Vortrag nicht. Zu viele Informationen wirken kontraproduktiv.

Ein Seminarteilnehmer beschrieb sein Zuhause einmal so: »Ich wuchs in einem gelben Vier-Familien-Haus am Rande einer Autobahn auf.« Mit nur drei Informationen konnte ich mir seine gesamte Kindheit und Jugend ausmalen. Dies bringt mich zu Imaginationslöchern, dem ersten von fünf Tipps für mehr und bessere Handlung in deinen Geschichten.

Sei kein Lehrer

Viele Redner und Rednerinnen, die ich im Laufe der Jahre erlebt habe, neigen dazu, immer alles erklären zu wollen. Sie erläutern jedes Detail bis ins Allerkleinste. Aber das ist genau das, was ein Publikum nicht hören will. Lehrer erklären alles. Sei kein Lehrer! Gute Redner bauen Imaginationslöcher in ihre Vorträge ein. Imaginationslöcher, die das Publikum für sich selbst füllen kann.

Inspiration kommt an dieser Stelle von Ernest Hemingway. In der zehnten Klasse musste ich ein Referat halten über *Wem die Stunde schlägt*. Seitdem bin ich Hemingway-Fan. Der Legende nach soll ein Freund Hemingway herausgefordert haben, eine Kurzgeschichte in nur sechs Wörtern zu schreiben. Der Schriftsteller fackelte nicht lange. Nach kurzer Zeit stand auf der Serviette: »For sale: baby shoes, never worn.« Weniger ist mehr! Als Redner müssen wir mehr Sechs-Wort-Geschichten erzählen. Mit seiner Vorstellungskraft füllt das Publikum die Löcher. Und das Gute dabei: Es muss nachdenken. Ein denkendes Publikum ist immer ein gutes Publikum, außer du bist Politiker.

Sprich alle Sinne an

Wenn wir Geschichten erzählen, bekommen die fünf Sinne noch mehr Bedeutung. Mit den fünf Sinnen hört das Publikum die Geschichte nicht, es kann sie fühlen.

- Der Raum roch nach … Arbeit.
- Es fühlte sich an wie Rasierschaum.
- Das Projekt schmeckte komisch.
- Das Reifenquietschen vermischte sich mit den Schreien der Passanten. Dann hörte ich nur noch einen lauten Knall!
- Die Herausforderung war größer als das Empire State Building.

Schreib CSI-Drehbücher

Hast du schon einmal von der Hero's Journey gehört, der Heldenreise? Der amerikanische Mythologe, Schriftsteller und Professor Joseph Campbell beschreibt in seinem 1949 erstmals erschienenen Buch *The Hero with a Thousand Faces* eine Mustererzählung für Heldengeschichten.

Die Heldenreise folgt zwölf Stufen, und ich habe sie auf drei Schritte eingestampft: CSI – Challenge (Herausforderung), Struggle (Kampf und Konflikt), Introspection (Einsichten).

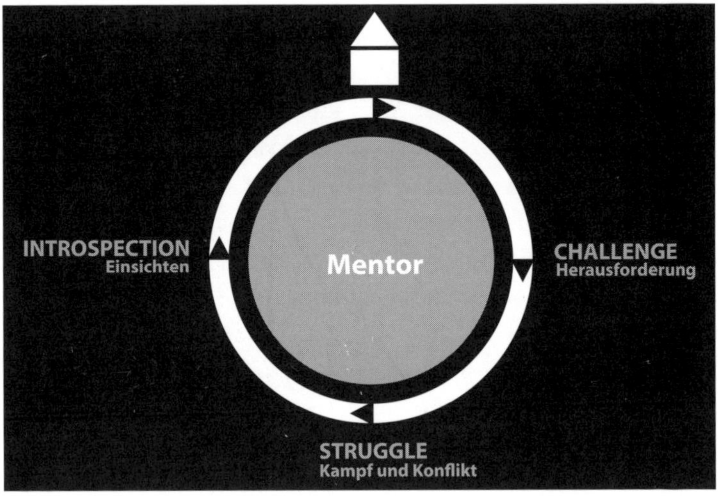

CSI: Challenge, Struggle, Introspection

Nehmen wir das Beispiel *Der Herr der Ringe*: Frodo, zu Beginn seiner Reise ein normaler Hobbit, ein Underdog, der »kleine Mann«, verlässt sein Zuhause und steht vor einer großen Herausforderung. Er muss den Einen Ring vernichten. In der Folge durchläuft er Kämpfe und Konflikte. Er muss mit Orks fertig werden, mit Sméagol, also Gollum, und mit Riesenspinnen. Er schafft es, er vernichtet den Ring erst. Aber dank seiner Erfahrungen, seiner Einsichten, seiner Lektionen, die er gelernt hat, ist er nicht mehr die gleiche Person. Er ist eine bessere Person geworden, ein Held. Als solche kehrt Frodo nach Hause zurück. Und wer begleitet ihn auf seiner Reise? Gandalf, der Mentor. Von *Star Wars* bis *Der Pate*, vom *Froschkönig* bis *Aschenputtel* – CSI, die Heldenreise, ist eine Mustererzählung, die funktioniert. Und auch du kannst sie in deinen Vorträgen verwenden.

Im Jahr 2011 saß ich im Publikum auf einem Berliner Internet-Event, der Heureka-Konferenz. Es war elf Uhr morgens. Der Hauptredner, der Mitgründer und CEO eines schwedischen Internetunternehmens, trat auf die Bühne. Er war 27 Jahre jung, sah gut aus und war bereits extrem erfolgreich mit mehr als 100 Millionen Euro Umsatz im Jahr 2010. Ich sah mich im Publikum um: verschränkte Arme, Skepsis, neidische Gesichter.

Nach einem kurzen Intro sagte er: »Ich könnte heute über all die tollen Sachen reden, die wir in unserem Unternehmen gemacht haben, all die Erfolgsgeschichten. Aber wisst ihr was? Heute werde ich euch von den fünf größten Fehlern berichten, die wir begangen haben, und was wir daraus gelernt haben.« Ich schaue mich wieder um. Kein Neid mehr, sondern erwartungsvolle Gesichter. Es sind deine Fehler und deine Lektionen, die du gelernt hast, die dein Publikum begeistern.

Deshalb: Zeichne eine Tabelle mit drei Spalten für Challenge, Struggle und Introspection. Sammle geschäftliche Herausforderungen der Vergangenheit, die Kämpfe und Konflikte sowie die Lektionen, die du gelernt hast. Mach diese Geschichten zu deiner rhetorischen DNA! Dein Publikum wird sie lieben.

Sei Captain Hook

Meine Grundannahme als Redner ist, dass mir mein Publikum nicht zuhört. Es ist meine Aufgabe als Vortragender sicherzustellen, dass dem nicht so ist. Diese Aufgabe übernehmen hauptsächlich die Schritte 8 bis 11. Aber auch inhaltlich kann ich mein Publikum fesseln.

Neugier hält das Publikum am Ball. Als Redner nutzen wir das aus, wenn wir einen *hook*, einen Haken setzen.

Nina aus England, damals Ende 40 und Managerin bei einer der größten Sprachschulen der Welt, begann ihre Rede mit einem genialen ersten Satz. Er verband eine geschlossene Frage mit polemischer Gedankenprovokation. Darüber hinaus nutzte sie ihn als Haken, an dem wir alle die nächsten Minuten hingen wie Fische. Es war ein Haken, weil sie die Antwort auf die Frage erst im späteren Verlauf der Rede gab.

Nina sagte: »Wart ihr schon mal auf … Morphium?« Es war ein Businessvortrag, den sie später genau so auf ihrer Jahreskonferenz auf Teneriffa vor den weltweit wichtigsten Kunden des Unternehmens begann. Nach Zweidrittel des Vortrags kam die Auflösung: Ausflug in die nordindischen Berge, Unfall, Fleischwunde, Blut, Lieferwagen, Panik, mehr Blut, Krankenhaus, Notoperation, … Morphium! Genial.

Typische Haken setzen Redner gerne am Ende der Einleitung: »Und dann lernte ich die wichtigste Lektion in meinem Leben … Drei Begebenheiten trugen dazu bei.« Das heißt, ich teile meine wichtigste Lektion erst zu einem späteren Zeitpunkt. Haken, Neugier, Fische.

Tanz den Twist

Überraschung ein weiteres Inhaltselement für begeisternde Vorträge. Geübte Redner nennen sie *Twists,* also überraschende Wendungen in deiner Rede.

Mich begeistern zwei Arten von Wendungen. Zum einen Wissens-Twists. In einer Wikipedia-Welt mit Weltwissen auf Knopfdruck, in der Klischee zum Standard wird, bilden unsere persönlichen Ideen, Ansichten und Deutungen den wahren Wert des Vortrags. Vor einer Gruppe von Marketingexperten könnte ich zum Beispiel auf ein neues, fünftes P hinweisen: »Der Marketingmix hat traditionell vier Ps – Product, Price, Place, Promotion. Doch dank TED Talks und Youtube gewinnt heute ein fünftes P immer mehr an Bedeutung … Public Speaking!« In diesem Fall wäre der Twist eine neue Sichtweise auf ein altes Thema.

Emotionale Twists, besonders die, die nach unten schießen, sind aus meiner Sicht sogar noch effektiver.

»Plötzlich geht die Tür auf und Herr Wünderling, unser Klassenlehrer, unterbricht die Physikstunde bei Herrn Berger. Er geht die Treppen hinunter zur Tafel. Er dreht sich bedächtig um und meint: ›Meine Lieben, ich muss euch mitteilen, dass euer Klassenkamerad Franz krank ist und bis auf Weiteres nicht am Unterricht teilnehmen kann. Wir werden euch auf dem Laufenden halten.‹ Weg ist er wieder. Mit meinen 14 Jahren denke ich mir: ›Krank? Hmmm … Franz hat wahrscheinlich eine schwere Erkältung oder die Grippe!‹ Aber Franz hatte keine Erkältung und Franz hatte auch keine Grippe. Franz hatte … Leukämie.«

Ich habe meinen Freund Franz damals nie besucht, nicht einmal angerufen habe ich ihn. Etwas, was ich bis heute zutiefst bereue. In einer Toastmasters-Wettbewerbsrede verarbeitete ich mein

Bedauern. Es waren insbesondere die emotionalen Twists, die beim Publikum Wirkung zeigten.

Aber Achtung: Don't leave the audience on a downer! – Hinterlasse dein Publikum nicht mit Wehmut. Den Fehler habe ich bei der Rede über Franz gemacht. Die letzte Szene war der Friedhof zu den Klängen von Reinhard Meys *Über den Wolken*. Taschentuch-Alarm! Emotionale Twists gehen in beide Richtungen. Egal wie seriös oder schwermütig ein Vortrag bisweilen ist, am Ende müssen wir unser Publikum positiv aufgeladen nach Hause schicken.

Imaginationslöcher, fünf Sinne, CSI-Heldenreisen, Haken der Neugier oder überraschende Wendungen – für mehr und bessere Handlungen in deinen Geschichten hast du jetzt ein reichhaltiges Repertoire zur Verfügung.

Das zweite Element für bessere Geschichten sind Hänsel, Gretel und die Hexe: die Charaktere in deinen Geschichten.

Wer sind sie?

Denk immer an die alte Hexe in Hänsel und Gretel. Du weißt, wie sie spricht. Du weißt, wie sie aussieht. Du kennst ihren Charakter. Wir sind nicht die Gebrüder Grimm, aber auch wir Redner müssen die Charaktere in unseren Geschichten zum Leben erwecken. Das schaffst du auf drei Arten.

Wo sind all die Namen hin?

Hast du schon einmal einen Roman gelesen, in dem stand, »Nachbarin eins sagt zu Nachbarin zwei: ›Ich habe den Mann von Nachbarin drei bei Nachbarin vier gesehen!‹ Sagt die

Nachbarin fünf: ›Ne, das war Nachbarin sechs!‹« Die Chancen stehen schlecht, dass du schon einmal so einen Roman gelesen hast. In Romanen, ebenso wie in Filmen haben sie alle einen Namen.

Bei der Vielzahl von Vortragsevaluierungen, die ich über die Jahre moderiert habe, hat mich stets eines verwundert: Wo sind all die Namen hin? Sobald jemand vor eine Gruppe tritt und einen Vortrag hält, sind alle Namen im schwarzen Loch des Generischen verschwunden: »Mein Chef«, »meine Frau«, »meine Kinder«, »eine Kollegin«, »unser Nachbar«, »ein Kunde« – wo sind all die Namen hin?

Namen machen eine Geschichte persönlicher. Wenn eine Rednerin sagt: »Mein Sohn Luca«, sehe ich meinen Álvaro. Umso persönlicher eine Geschichte, umso besser ist sie. Deshalb: Gib deinen Charakteren Namen!

Wie sehen sie aus?

Neben einem Namen haben Charaktere auch ein bestimmtes Aussehen. Weniger ist mehr! Eine ausschweifende Personenbeschreibung im Stile von Thomas Mann ist nicht geeignet für das gesprochene Wort.

Denk an die Menschen in deinen Vorträgen. Haben sie etwas Markantes, zum Beispiel einen schwarzen Punkt auf der Nase? Sind sie groß wie ein Turm? Sehen sie aus wie Brad Pitt? Oder wie Mike Krüger? Tragen sie gerne eine bestimmte Farbe? Haben sie Initialen in ihrem maßgeschneiderten Hemd? Vielleicht sogar eine Taschenuhr? Es sind die kleinen aber markanten Informationen, die einen Charakter in unserer Vorstellung zum Leben erwecken.

Was für Typen sind sie?

Die dritte Art, deinen Charakteren Leben einzuhauchen, ist, Aussagen über ihre Persönlichkeit zu treffen. Was für Typen sind sie? Sind sie immer gut gelaunt? Sind sie manchmal cholerisch? Gesegnet mit trockenem Humor? Pessimisten, Realisten, Optimisten? Sind sie emotionale Menschen wie Charlotte in *Sex in the City* oder rationale Logiker wie Data in *Star Trek: The Next Generation*?

Mit Namen, Aussehen und Persönlichkeit erweckst du die Charaktere in deinen Geschichten zum Leben. Dein Publikum kann sich jetzt besser mit den Personen in deinem Vortrag identifizieren.

Ein blutroter Faden

Die dritte goldene Regel von Aristoteles für bessere Geschichten ist der berühmte rote Faden: ein Thema. Umso roter der Faden, am besten blutrot, umso schärfer umrissen also das Thema, desto leichter ist es für dein Publikum, deinem Vortrag zu folgen. Sie können sich am roten Faden entlanghangeln. Ein Thema ist gut für Geschichten, ein Thema ist gut für den Vortrag generell.

Ich unterscheide zwischen reellen, abstrakten und metaphorischen Themen.

Lieblingslieder

Einer der blutrotesten Fäden in meinen Seminaren war das reelle Thema Lieblingslieder. In seiner Rede über »Mein Leben in drei Minuten« verwendete ein junger Mann vier seiner Lieblingslieder in dem jeweiligen Lebensabschnitt. Wir kannten alle Songs. Er baute dank des Themas sofort eine emotionale Verbindung mit uns auf.

Vier Momente

Liebe, Durchhaltevermögen, Freundschaft, Zusammenhalt, Visionen – abstrakte Themen eignen sich ebenfalls gut als Thema.

Alex Springer ist Mitgründer und CEO von Prevero, einer internationalen Business-Intelligence-Software-Schmiede mit Hauptsitz in München. Wir kennen uns schon seit Bamberger Studienzeiten. Manchmal coache ich Alex bei seinen Vorträgen. So geschehen im Vorfeld seiner Weihnachtsansprache vor der versammelten Belegschaft im Jahr 2015. Wir entschieden uns für das Thema Momente. Aus 21 Jahren Unternehmensgeschichte pickten wir vier Momente heraus – einen Moment der Angst, einen Moment des Stolzes, einen Moment der Wut und einen Moment des Glücks. Zu jedem Moment erzählte Alex eine persönliche Anekdote. Die Rede kam super an!

Schwarze und weiße Löcher

Redner lieben Metaphern. Ich liebe Metaphern. Deshalb baue ich in meine Vorträge gerne Themen ein, die auf einem bildhaften Vergleich basieren.

Einer der Vorträge, den ich live erlebt habe und nie vergessen werde, war eine Rede von Dr. Mario Alonso Puig, einem spanischen Arzt und Schriftsteller. Es war im Jahr 2006, eine Unternehmensveranstaltung in Madrid mit mehr als sechshundert Teilnehmern. Dr. Puig war der Hauptredner. Er schreibt und spricht über ein interessantes Nischenthema: Wie Hirnfunktionen und Führung zusammenhängen. An einer Stelle brachte er die Metapher, die ich nicht vergessen kann und seither gerne als Thema in meine Vorträge einbaue. Dr. Puig sagte: »Gute Führungskräfte brauchen eines immer: Optimismus. Und es gibt einen einfachen Weg im Leben, optimistischer zu sein. Das sind die Menschen, die uns umgeben. Es gibt zwei Klassen von Menschen, die uns umgeben. Zunächst sind da die schwarzen Löcher. Schwarze Löcher sagen dir rund um die Uhr, was alles nicht klappen wird: ›Bleib in deinem Job, da bist du sicher!‹ oder ›Komm, lass es, das wird eh nichts!‹. Schwarze Löcher sind Energiesauger, und ein einfacher Weg im Leben für mehr Optimismus ist: Halte dich fern von schwarzen Löchern.

Und dann gibt es die andere Klasse von Menschen, die weißen Löcher. Weiße Löcher geben dir Energie. Sie ermutigen dich, sie spornen dich an, sie fordern dich: ›Komm, du schaffst das!‹, ›Willst du da für immer bleiben? Wandel ist wichtig!‹. Weiße Löcher sind Energiespender, und der einfache Weg im Leben für mehr Optimismus ist: Umgib dich mit weißen Löchern! Halte dich fern von schwarzen Löchern, umgib dich mit weißen Löchern – du wirst optimistischer sein im Leben!«

Schau dich um im Leben! Kunden, Zulieferer, Kollegen – schwarze und weiße Löcher gibt es überall. So einfach, so klar, so einleuchtend. Metaphorische Themen wie dieses sind blutrote Fäden und bleiben darüber hinaus im Langzeitgedächtnis hängen wie Sekundenkleber.

Sagt mein Freund Dennis zu mir

Du kannst Geschichten erzählen. Oder du erlebst Geschichten nach – mit Dialogen. Die Verwendung von Dialogen in Geschichten hat eine wunderbare Wirkung. Du wirst zum

Schauspieler, ohne Schauspieler zu sein. Noch nie eine einzige Stunde Schauspielunterricht, und doch wirst du zum begnadeten Schauspieler.

So erzählen wir normalerweise einen Dialog mit einer anderen Person. »Vor einigen Wochen war meine Mama zu Besuch in Barcelona. Sie fragte mich, wann ich denn mal wieder nach Coburg kommen würde.«

Und jetzt das Gleiche mit Dialog. »Vor einigen Wochen war meine Mama zu Besuch in Barcelona. Sie fragte mich: ›Wann kommst du wieder mal nach Coburg?‹ Ich meinte: ›Hm, Mama, also hier ist es ganz schön.‹ Worauf sie erwiderte: ›Ich vermisse dich!‹«

»Sagt mein Freund Dennis zu mir: ›Das kannst du doch nicht machen!‹«

Stell dir bei beiden Dialogen die Mimik, die Gestik, die Stimme meiner Mutter und von Dennis vor. Wehmut und Unverständnis. Die Mimik passt sich an. Die Gestik ist entsprechend. Die Stimme variiert. Du wirst zur Mutter, zum Freund, zum Arbeitskollegen, zur Chefin, zum Ehepartner. Im Dialog wirst du zum Schauspieler. Dialoge brechen die Monotonie des Vortrags. Und Monotonie tötet überall, nicht nur im Schlafzimmer!

Nur den Oberkörper drehen

Ein Tipp für die Bühne, wenn du Dialoge verwendest: Ich erlebe oft, wie Redner Dialoge mit verschiedenen Bühnenpositionen nachspielen. Dieses Hin- und Herlaufen kann hastig, überstürzt, unprofessionell wirken. Es sind die kleinen Bewegungen, die große Wirkung haben. Es genügt, wenn du deinen Oberkörper drehst, wie in der Abbildung angedeutet.

Position 1 ist deine Grundposition. In dieser sagst du zum Beispiel: »Prof. Dr. Peter Wesner, im Jahr 2003 mein Chef, schaute mich fragend an und meinte …« Jetzt drehst du deinen Oberkörper um 45 Grad nach rechts (Position 2) und sagst mit der Mimik, Gestik und Stimme von Peter Wesner: »So, Herr Mück, jetzt sagen Sie doch mal, wo soll denn die Reise hingehen?« Wechsel auf Position 3. »Oh, das ist weniger eine abteilungstechnische Frage als eine geografische.« Wechsel auf Position 2. »Oh nein, Spanien …«

Kleine Bewegung mit großer Wirkung: Drehen des Oberkörpers

Dieser Bewegungsablauf wirkt sehr professionell. Übrigens, du kannst Dialoge jeden Morgen üben – vor dem Badezimmerspiegel.

Gratuliere, du baust jetzt mehr und bessere Handlung in deine Geschichten ein, erweckst deine Charaktere zum Leben, verwendest ein Thema und Dialoge, welche mit der Monotonie deines Vortrags brechen. Jetzt kommen noch drei goldene Regeln von Aristoteles dazu. Diese erfordern eine ordentliche Portion Selbstvertrauen. Selbstverständlich rate ich dir, bei deinen Geschichten auch diese Regeln zu berücksichtigen. Denn bei diesen drei Elementen hat Langeweile keine Chance. Du willst doch begeistern!

Du bist der Bühnenbildner

Die sieben Goldenen Regeln von Aristoteles greifen zurück ins vierte Jahrhundert vor Christus, ins griechisches Theater der Antike. Theater braucht eine Bühne und Bühnen brauchen Design und Dekoration. Denke an die großen Opern von Verdi, Mozart oder Puccini. *Turandot* ohne extravagantes chinesisches Bühnendesign wäre einfach nicht das Gleiche.

»Aber es gibt doch kein Bühnendesign in Businesspräsentationen!« Und warum nicht? Weil du noch nie darüber nachgedacht hast! Denk daran: Die Welt der Vorträge kennt keine Grenzen. Mit Kreativität kannst du in der Kommunikation alles machen und alles *anders* machen.

In deinen Vorträgen kannst du deine Bühne auf zweierlei Art gestalten.

Zum einen kannst du in deine Powerpoint-Präsentation ganzseitige Bilder integrieren. Vergiss deine Powerpoint-Unternehmensvorlage! Die eignet sich nur zum Lesen, ich nenne sie daher auch Handout-Präsentation. Wenn du eine Leinwand oder einen großen Flachbildschirm zur Verfügung hast, think big! Metaphorische Bilder wie Nadeln in einem Heuhaufen, Bilder von süßen Welpen oder berühmte Hollywood-Klassiker wie der fliegende Elliot in *E.T.*: Große Bilder hinter dir an der Wand kreieren Atmosphäre. Mit großformatigen Bildern kannst du Emotionen im Publikum auslösen – von Glück bis Schmerz. Sie unterstützen deine Botschaft visuell. Großformatige Bildern sind ein einfacher und effektiver Weg, deine Bühne zu designen.

Ein zweiter und raffinierterer Weg, deine Bühne zu gestalten, ist die Verwendung von Hologrammen. Kannst du dich noch an das Holodeck in *Star Treck: The Next Generation* erinnern? Du als Redner hast auch die Macht, imaginäre Bilder in den Köpfen deines Publikums zu schaffen.

Es ist einfach. Alles, was du brauchst, ist Gestik. Gestik mit Spannung. Mit illustrativer Gestik kannst du Bilder in die Hirne deines Publikums fräsen. Fahnenmaste, Klaviere, Stühle – male sie nach mit deinen Händen. Um sie allerdings wirklich fest im Gehirn deiner Zuschauer zu verankern, müssen Hologramme auf der Bühne immer exakt in der gleichen Position verweilen. Zum Beispiel, wenn du pantomimisch ein schwarzes Hammer-Klavier auf der Bühne holografisch platziert hast, deute später in deinem Vortrag immer genau dorthin, als stünde es dort. Sie werden ein Klavier sehen. Oder besser, das Hologramm eines Klaviers. Es ist fast gespenstisch.

Doch sei dir bewusst: Wenn du einmal ein Hologramm platziert hast, dann steht es in der Vorstellung des Publikums auch an dieser Stelle. Einmal hat einer meiner Trainingsteilnehmer einen Fahnenmast in der Mitte der Bühne gebaut. Es war brillant. Er umfasste den imaginären Mast mit seinen Händen. Er blickte hoch zur Fahne, er beobachtete, wie die Fahne im kalten Hamburger Wind wehte. Wir alle sahen den Mast und die Fahne in unseren Gedanken. Doch nur zwei Minuten später rannte er auf der Bühne von links nach rechts – durch seinen imaginären Fahnenmast. Autsch!

Zugegeben, Hologramme auf der Bühne mit illustrativer Gestik zu bauen ist eine Kunst. Und doch muss ich als Trainer darauf bestehen: Alles ist möglich! Sogar ein Bühnenbild.

With or without you

»Aber ich kann doch nicht in einer Businesspräsentation singen!« Schon wieder eine dieser individuellen Überzeugungen, die nur auf einer einzigen Quelle fußen – deiner inneren Stimme. Hast du schon einmal in einer Geschäftspräsentation gesungen? Hast du danach jemals nach Feedback gefragt? Ich rede nicht davon, dass du die vollen 4 Minuten und 36 Sekunden *My Way* im Rahmen eines Investoren-Pitches singst. Und von 6:58 Minuten *Brothers in Arms* spreche ich auch nicht. Ich rede von Gesangsfragmenten.

Ein integraler Bestandteil des griechischen Theaters der Antike war der *Chorus,* die sechste goldene Regel. Als Geschichtenerzähler kannst auch du von diesem Monotoniekiller in deinen Vorträgen profitieren.

Es war in einem meiner Charisma-Seminare. Der CFO einer erfolgreichen europäischen Internetfirma präsentierte sein Geschäftsmodell. Gute Präsenz, gute Gestik, gute Stimme, guter Inhalt. Aber das alles war nicht das Beste. An einer Stelle seines Vortrags fing er an zu singen: *With or without you*! Nur das, als Fragment. Seiner Präsentation folgte die positiv-konstruktive Evaluierung. Ich hatte es noch nicht einmal bis zum

Flipchart geschafft, da rief auch schon einer für die positive Seite: »U2!«

Ich kann aus Erfahrung bestätigen: Jedes Mal, wenn ein Redner ein Fragment während seines Vortrags gesungen hat, war die Reaktion der anderen immer positiv. Egal wie krumm, egal wie schief die Töne waren – in der folgenden Redeevaluierung war die Bewertung immer positiv!

Singen ist überraschend, Singen ist anders, Singen bricht die Monotonie, wenn wir kommunizieren, insbesondere in der freien Rede. Und du weißt schon, dass Monotonie überall tötet, nicht nur im …

With or without you, aber du kannst Chorus verwenden in Geschichten, in deinen Reden, in deinen Vorträgen.

Rhetorische Spezialeffekte

Hollywoodfilme erzählen Geschichten, und Geschichten auf der Leinwand brauchen Spezialeffekte. Denk nur einmal an *Star Wars*. Im Jahr 1977 überraschte George Lucas die ganze Welt mit der ersten holografischen Transmission. Prinzessin Leia und R2D2 – ein unvergesslicher kinematografischer Moment.

Doch während Hollywoodfilme zunehmend auf digitale Spezialeffekte setzen, lass sie uns in der Welt der Vorträge »rhetorische Spezialeffekte« nennen. Beide haben ihren Ursprung in der siebten goldenen Regel des Geschichtenerzählens von Aristoteles: Spektakel! Griechisches Theater, 4. Jahrhundert vor Christus. Drama, Tod – und Ödipus schläft mit seiner Mutter. Diese Jungs brauchten Spektakel, um sich zu amüsieren. Und daran hat sich bis heute nicht viel geändert.

»Aber wie soll ich meine Businesspräsentation in ein Spektakel verwandeln?« Die Antwort lautet: Darbietung. Dein Körper (Schritt 10) und deine Stimme (Schritt 11) sind Spektakelmacher! Energie ist Spektakel. Enthusiasmus ist Spektakel. Entertainment ist Spektakel. Energie, Enthusiasmus, Entertainment – die drei Es des erfolgreichen Vortrags! Sie alle brauchen Körpersprache und Stimmvariation wie Rosen den Regen. Move it, baby! Raise your voice, rock star! Be energetic, punk!

Die alten Griechen wollten Spektakel, dein Publikum will Spektakel. Gib ihnen deine rhetorischen Spezialeffekte!

Gratulation hoch drei! Du baust jetzt mehr und bessere Handlung in deine Geschichten, erweckst deine Charaktere zum Leben, verwendest ein Thema und Dialoge, welche mit der Monotonie deines Vortrags brechen, du bist dein eigener Bühnenbildner, trällert auch mal ein Liedfragment und begeisterst mit Bühnenspektakel! Willst du immer noch sagen: »Ich hatte gestern einen Kundentermin …«?

Mit Struktur, rhetorischen Mitteln, Zitaten und Geschichten bist du jetzt ein starker Rhetoriker auf der Inhaltsseite. Der Inhalt ist zwar Trumpf, aber wird mitunter auch überbewertet, weil wir Weltmeister darin sind, unseren Trumpf durch Langweile leichtsinnig zu verspielen. Die nächsten vier Schritte stellen sicher, dass dein Inhalt nicht nur Trumpf ist, sondern auch Trumpf bleibt. Die nächsten vier Schritte sind Darbietungsschritte.

Schritt 8: Visuelle Hilfsmittel

Tattoos fürs Langzeitgedächtnis

Hast du eine von Steve Jobs' legendären Produktpräsentationen gesehen? Youtube quillt über davon. Stell dir vor, er hätte die Präsentationen mit leeren Händen gehalten! Kein iPad, kein iPhone, kein iPod. Die Präsentationen und die Welt wären heute anders. Oder stell dir vor, wie Kolumbus seine Ei-Geschichte erzählt hätte – ohne Ei!

Visuelle Hilfsmittel – Objekte – machen deinen Vortrag einprägsamer. Sie tätowieren deine Botschaft in das Langzeitgedächtnis des Publikums. Ich empfehle, mindestens ein visuelles Hilfsmittel in jedem Vortrag zu verwenden, aber nicht mehr als drei. Sonst schmilzt die Wirkung wie Kerzenwachs.

Auch bei visuellen Hilfsmitteln gilt: Klischee ist Ebola! Mach nie das, was alle anderen machen. Klischee bei der Verwendung visueller Hilfsmittel ist zum Beispiel das *Handelsblatt*. Der Redner hält eine *Handelsblatt*-Ausgabe in die Höhe und fragt das Publikum: »Haben Sie heute morgen im Handelsblatt gelesen?« Langweilig!

Hier sind drei Beispiele für kreative und »andere« visuelle Hilfsmittel.

Auf Granit beißen

Meine Schwägerin heißt Sabine. Sabine hat lange dunkelblonde Haare, ist Projektmanagerin bei Siemens und Nine-Inch-Nails-Fan. Sabine stammt aus Bordesholm im Norden von Hamburg. Im Sommer 2013 stehe ich im Garten ihrer Eltern. Vor mir der gut gepflegte Gartenteich, neben mir Sabines Vater Hubert. Er zieht genüsslich an seinem Zigarillo. Hubert redet nicht viel. Am Rand des Gartenteichs liegen schöne eckige, graue Steine. Ich frage Hubert: »Ist das Granit?« – »Ja.« – »Kann ich mir einen nehmen?« – »Ja.« Hubert redet nicht viel.

Seit jenem grauen Tag in Bordesholm bin ich stolzer Besitzer meines Lieblingsobjekts. Der Granitstein ist mein absoluter Favorit unter den visuellen Hilfsmitteln. In jedem Training kommt er zum Einsatz. Ich sage zu meinen Teilnehmern: »Manchmal im Leben müssen wir auf Granit beißen.« In den Gesichtern lese ich dann: »O.K., als Metapher ganz nett. Aber, na und?«

Ich wiederhole den Satz. »Manchmal im Leben müssen wir …« Jetzt ziehe ich den Granitstein von Hubert aus meiner hinteren Hosentasche, beiße darauf und fahre fort … »auf Granit beißen!« Jetzt habe ich sie! Unerwartet, überraschend, unvergesslich!

Visuelle Hilfsmittel haben, ebenso wie der gesamte Redeinhalt, nur Sinn, wenn sie die Botschaft des Vortrags unterstützen. Auf Granitsteine beißen würde zum Beispiel Sinn ergeben, wenn du einen Vortrag hältst mit der Botschaft »Durchhalten«.

Visuelle Hilfsmittel sind generell ein probates Mittel, um die Botschaft zu unterstützen. Zum Beispiel mit einer 20 Zentimeter hohen 3D-Druck-Figur von Bushido, dem deutschen Rapper.

Bushido in klein

Ein Training bei einem Erlebnisunternehmer aus München. Wie immer picke ich beim Thema visuelle Hilfsmittel einen Teilnehmer heraus, in diesem Fall eine Dame, und frage sie: »Was machst du genau bei euch?« – »Ich leite unseren Kundenservice.« – »Cool, was ist das Kurioseste, was sich ein Kunde von dir gewünscht hat?« Nach einigem Überlegen meinte sie: »Eine Kundin wollte ein Abendessen mit Bushido.« Allgemeines Lachen. Ich lache nicht, sondern schlage ihr Folgendes vor: »Ihr habt hier doch Designer. Produziere zwei 3D-Prints von Bushido, so um die 20 Zentimeter hoch. Einen davon schickst du deiner Kundin mit einem netten Schreiben. Den anderen ziehst du in jedem Kundengespräch aus der Tasche und erzählst die Geschichte dazu. Unerwartet, überraschend, unvergesslich!«

Das eine ist eine Trainingssituation, das andere ein Kundengespräch in intimer Atmosphäre. Wie sieht es aus, wenn ich visuelle Hilfsmittel bei professionellen Vortragsreden einsetze? Ich sage nur: die Mannschaft.

Fußball, Trikot und Microsoft

In meinem Toastmasters-Umfeld gibt es viele, die auch den Schritt in die Professionalität wagen wollen. Ihr primäres Ziel: Vortragsredner. Meine Meinung ist immer dieselbe. Ich sage ihnen: »Ich war nie auf dem Mount Everest, ich bin kein Tiefseefotograf und Usain Bolt bin ich auch nicht. Ich habe kein klassisches professionelles Vortragsthema.«

Mein Vortragsschatz ist im Laufe der Jahre durch die Erfahrung in meinen Trainings in überzeugender Kommunikation und Charisma gewachsen. Seit 2014 werde ich neben meinen Seminaren auch verstärkt als Vortragsredner gebucht. Zum Beispiel von Microsoft für ein Event in Berlin mit 250 der wichtigsten Partnerunternehmen. Die Ehre wuchs, als ich erfuhr, dass ich die Bühne teilen sollte mit Vertriebsguru Andreas Buhr und einem bekannten deutschen Fußballtrainer. Die Organisatoren informierten mich darüber, dass die Veranstaltung unter dem Thema Fußball laufen würde. »Super!«, dachte ich, hatte ich doch über 20 Jahre selbst in oberfränkischen Vereinen gekickt.

Aus Logos wurde Berti, aus Ethos Franz und aus Pathos Jürgen. Aber das war mir nicht genug. Ich wusste, der Großteil der Zuschauer würden Männer sein, die meisten von ihnen Fußballfans. Ich beschloss, mit einem Deutschland-Trikot und einem Fußball auf die Bühne zu gehen.

Als ich die Bühne betrat, schaute ich in gespannte Gesichter. Ich positionierte mich ganz vorne am Rand, in der Mitte der Bühne. Ich blickte auf den Ball in meiner rechten Hand und lancierte meinen ersten Satz: »Was ist das?« Die erwarteten Antworten: ein Fußball, eine Kugel, die Welt ... Ich fuhr fort: »Das ist eure Botschaft, und der Ball ...« Ich nickte einem Herrn in der ersten Reihe zu, der mir daraufhin seine Hände entgegenstreckte. »... muss rein!« Ich warf ihm den Ball zu, das Eis war gebrochen. Der Vortrag war ein großer Erfolg, nicht zuletzt dank der visuellen Hilfsmittel.

Ob Trikot und Fußball, eine Miniaturversion von Bushido oder Granitsteine aus Schleswig-Holstein – visuelle Hilfsmittel machen deine Botschaft merkfähiger.

Im Sinne der Wirkung werden reelle, greifbare Objekte aus meiner Sicht auch jede Powerpoint-Folie der Welt schlagen. Nichtsdestotrotz ist Powerpoint das wichtigste visuelle Hilfsmittel weltweit. Aufgrund seiner Signifikanz widme ich mich im letzten Abschnitt dieses Kapitels daher speziell diesem Thema.

Hast du Power in deinem Point?

Im Vorfeld und als Vorbereitung meines zweitägigen Präsentationstrainings bitte ich meine Seminarteilnehmer regelmäßig um fünf Powerpoint-Folien zu einem für sie businessrelevantes Thema. Und Jahr um Jahr bekomme ich schon das Gleiche: Handout-Präsentationen.

Wie kreieren wir unsere Vorträge mit Folien normalerweise?

1. Wir schalten den Computer an.
2. Wir öffnen Powerpoint.
3. Wir bauen eine Powerpoint-Präsentation.
4. Wir speichern die Präsentation und schalten den Computer aus.
5. Im Vortragsraum schließen wir den Computer an den Projektor an.
6. Wir sagen irgendetwas, während wir durch die Folien klicken.

Das ist das größte Problem: Wir ersetzen einen begeisternden Vortrag durch langweilige Folien. Das kann nicht funktionieren!

Als ich am 1. Juli 2000 bei einer Unternehmensberatung in München anheuerte, hatte Powerpoint bereits Word ersetzt. Ob Unternehmensberatungen, Banken oder Champagner-Hersteller aus Frankreich – Powerpoint ist heute Standard. Und das ist auch gut so, denn Präsentationssoftware bietet viel mehr Designmöglichkeiten als ein Textverarbeitungsprogramm. Deshalb zunächst: Weiter so! Doch am Ende des Tages ist das Ergebnis in der Regel nichts weiter als ein aufgepepptes Textdokument. Handout-Präsentationen sind zum Lesen da, nicht zum Präsentieren.

Ich empfehle: Wenn es wichtig wird, wenn du einen Vortrag mit Projektor und Leinwand oder mit Flachbildschirm halten kannst, bereite eine zweite Version vor, deine Screen-Präsentation. Diese Version basiert auf der Handout-Version, doch im Gegensatz dazu ersetzen deine Folien deinen Vortrag nicht mehr, sondern sie komplementieren ihn.

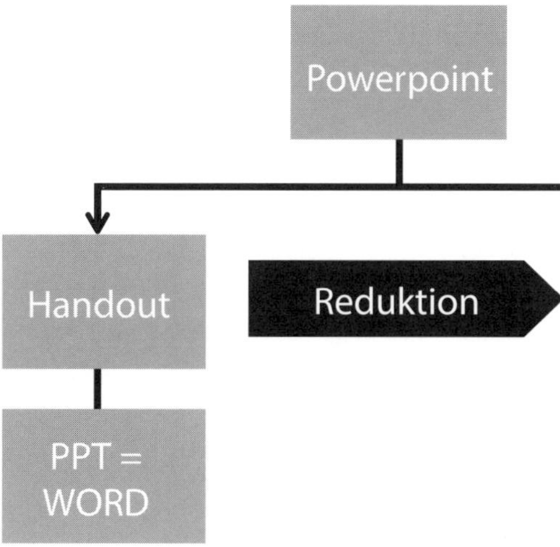

Der Weg zur Screen-Präsentation

Die größte Inspiration für mich, wenn ich von Handout- auf Screen-Folien springen will, kommt von Leonardo da Vinci, der sagte: »Einfachheit ist die höchste Stufe der Vollendung.« Und Einfachheit bedeutet Reduktion. Das solltest du verinnerlichen, wenn du deine Folien für deine Vorträge baust.

Ein Einwand, der in meinen Trainings immer wieder aufkommt, ist: »Screen-Version gut und schön, aber wir müssen unsere Standardvorlage verwenden!« Das ist meist so lange der Fall, bis die Geschäftsführung und die Marketingleitung an einem Seminar teilnimmt. Dann nicht mehr. Standardvorlagen sind wichtig und richtig für Handout-Präsentationen. Bei Steve Jobs' Mega-Präsentationen kann ich mich aber nicht an ein

Apple-Logo in der rechten oberen Ecke erinnern. Seitenzahlen habe ich auch nie gesehen. Und eine Klausel unten links – *streng geheim* – gab es auch nicht.

Der Höhepunkt der Monotonie in Powerpoint sind für mich die Standardvorlagen der Unternehmen. Wenn du auf der Bühne stehst, befreie dich von diesen Monotoniefesseln!

Im Folgenden habe ich für dich einige Tipps für Screen-Präsentationen zusammengetragen. Diese subjektiven Ideen basieren auf Erfahrungen als Unternehmensberater, Toastmaster und professioneller Trainer und Vortragsredner. Für mehr Inspiration empfehle ich Garr Reynolds Buch *Presentation Zen* sowie John Zimmers Blog Mannerofspeaking.

Wie kommt mehr Power in deinen Point?

Am Anfang war die Metapher

Die Rede steht, der Einstieg rockt, dein erster Satz lässt alle Smartphones im Saal auf den Boden fallen wie heiße Kartoffeln. Das wäre der Fall ohne Powerpoint. Mit Powerpoint sieht es anders aus. Während du auf die Bühne trittst, dekoriert diese bereits die altbekannte Einstiegsfolie mit dem Firmenlogo, deinem Namen, deinem Titel, dem Titel des Vortrags, dem Ort der Veranstaltung (weil die Leute ja nicht wissen, wo sie sind), dem Datum der Veranstaltung (weil die Leute ja nicht wissen, welcher Tag heute ist) … Der erste Eindruck: Business as usual.

Ich empfehle eine andere Einstiegsfolie, zum Beispiel ein metaphorisches Bild, das Neugier weckt und die Botschaft des Vortrags unterstützt. Einem Technologie-Start-up aus Berlin, das sich mit Suchmaschinenoptimierung beschäftigt, empfahl ich, die Nahaufnahme einer Nadel zu verwenden, die im Heuhaufen steckt, um dann im ersten Satz zu sagen: »Mit uns finden Ihre User diese Nadel!«

Nur schwarz oder weiß

Wenn du Text, Grafiken und Ähnliches zeigst, verwende nur einen schwarzen oder weißen Hintergrund. Ich habe drei Jahre lang meine Seminarteilnehmer gefragt, was sie besser lesen können. Rund 80 Prozent können weiße Schrift auf schwarzem Hintergrund besser lesen. Manchmal verwende ich aber auch weißen Hintergrund mit schwarzer Schrift, weil ich die restlichen 20 Prozent meines Publikums nicht verlieren will.

100 Prozent Folie

Ich habe verschiedene Standardvorlagen von Unternehmen analysiert. Fast die Hälfte der Folienfläche vergeuden Vortragende mit nichtssagenden Inhalten wie etwa dem Unternehmenslogo, einem Disclaimer oder Seitenzahlen. Mein Rat: Vergiss die Standardvorlage und nutze die gesamte Fläche für deine Inhalte! Dies gilt insbesondere für deine Bilder. Bilder lieben die gesamte Fläche!

Bilder und Text

Wenn du Text über Bilder legst, verliert sich oftmals der Text. Ich verwende daher Textboxen – egal ob schwarz oder weiß – mit 20 bis 30 Prozent Transparenz je nach Kontrast und Hintergrund. Das stellt sicher, dass sowohl das Hintergrundbild als auch der Text Protagonisten sind.

Text in Boxen, Kreisen, Dreiecken

Pi mal Daumen 50 Prozent deines Publikums sind Alphanumeriker. Die andere Hälfte sind Kreative. Deshalb zeige ich Text auf Screen-Folien nur in Formen: in Boxen, Kreisen oder Dreiecken. Damit spreche ich beide Gehirnhälften in meinem Publikum an. Ein netter Nebeneffekt: weniger Weiß auf der Folie. Die Farbe Weiß ist der größte Wettbewerber für deine Inhalte. Im Rot-Grün-Blau-Code ist Weiß 255, 255, 255. Alle Farben der Welt ergeben die Farbe Weiß. Weniger Weiß bedeutet mehr Fokus auf den Inhalt.

Schwarze Folien

Der Redner muss immer der Protagonist bleiben. Ein effektiver Weg, im Laufe einer längeren Screen-Präsentation die Aufmerksamkeit immer wieder auf den Redner zu lenken, ist die Verwendung schwarzer Folien. Um eine Folie in Powerpoint komplett schwarz zu gestalten, lege ich eine schwarze Box über die Standardvorlage.

Nutze schwarze Folien beispielsweise, wenn du Inhalte am Flipchart aufzeigen willst oder wenn du eine emotionale persönliche Geschichte erzählst, die mit 100 Prozent Fokus besser wirkt. Anstelle eines metaphorischen Bildes dient eine schwarze Folie auch gut als Einstiegsfolie. Sobald eine schwarze, ergo neutrale, Folie erscheint, konzentriert sich das Publikum automatisch auf den Redner.

Du könntest auch im richtigen Moment den Knopf auf der Fernbedienung drücken. Die meisten Modelle haben diese Funktion. Doch ganz ehrlich: Das Letzte, woran ein Vortragender denken will, wenn er vom Lampenfieber geplagt wird, ist, wann er irgendetwas drücken muss. Schwarze Folien im Folienfluss erleichtern dir das Leben auf der Bühne.

Logische Flüsse

Wenn ich mir die Text-Tsunamis, die ich bekomme, genauer anschaue, fällt mir oftmals auf: Es gibt einen logischen Fluss, jeder Punkt führt zum nächsten. Es gibt einen konkreten Plan mit drei Aktionen und zwei Vorteilen am Ende des Prozesses. Das Problem: Fünf Aufzählungspunkte mit jeweils drei Sätzen – in der Form nicht präsentierbar!

In der Screen-Folie, die ich alternativ zusammenbaue, bilde ich den Prozess großflächig ab – mit Boxen, Pfeilen, Kreisen, entweder von links nach rechts oder von oben nach unten. Die Sätze reduziere ich auf ein bis zwei Wörter. Am Ende helfe ich dem Publikum mit dem visualisierten logischen Fluss, meiner Argumentation, meiner Logik besser zu folgen. Ich unterstütze den Denkprozess. Mit Aufzählungspunkten unterstützt du gar nichts.

Ein visualisiertes Regenrohr

Wenn du als Einstiegsfolie ein metaphorisches Bild verwendest, wie zum Beispiel die oben erwähnte Nadel im Hauhaufen, dann verwende das gleiche Bild auf der letzten Folie des Vortrags. Diese Visualisierung des Regenrohrs (siehe Schritt 4) lässt auch den Letzten im Publikum wissen: Das war's!

Welche Dinge bei Screen-Präsentationen stören

Bulletpoint-Tsunamis

Wie bei den Säulen des Speech Structure Building gilt für mich auch auf einer Powerpoint-Folie: nie mehr als fünf Punkte. Alles andere ist Zeitverschwendung, denn mehr kann sich selbst der intelligenteste Mensch – außer er hat das perfekte Gedächtnis – der Welt nicht merken. Also, vermeide Bulletpoint-Tsunamis und schmeiß die Bullets gleich mit weg, das ist so Neunzigerjahre! Lass den Text für sich sprechen, am besten in Boxen, wie oben geschildert, das ist »sauberer«, einfacher, moderner.

Ganze Sätze raus!

Alles, was du sagst, brauchst du nicht zusätzlich auf die Folie zu schreiben. Dann könntest du deinem Publikum auch ein PDF schicken. Das Publikum soll dem Vortrag *zuhören,* nicht den Vortrag lesen. Ganze Sätze gehören in Handout-Präsentationen, nicht in die Screen-Version. Basta.

Titel?

Denk an den letzten Film, den du gesehen hast. Während die Szene noch in der Küche spielte, hörtest du bereits das Reifenquietschen in der Straße. In Filmen überlappen sich Kameraführung und Audiospur, um fließende Übergänge zu schaffen. Die gleiche Technik kannst du in deinen Vorträgen mit Powerpoint anwenden. Ich nenne es »Speak & Click«.

Die meisten Vortragenden klicken zur nächsten Folie und sagen dann etwas wie: »Ah ja, und hier sehen Sie unser Produktportfolio.« Das ist »Click & Speak«, dabei rennst du deinen Folien hinterher, deine Folien führen also den Vortrag. Viel professioneller ist Speak & Click. Du sagst dann stattdessen: »Wie sieht unser Produktportfolio aus?« Du schaust in fragende Gesichter, dann klickst du zur nächsten Folie und verkündest: »So sieht unser Produktportfolio aus.«

Das Beste an Speak & Click ist, dass du alle Folientitel löschen kannst. Denn wie schon gesagt: Alles, was du sagst, brauchst du nicht zusätzlich auf der Folie zu verewigen. Die einzige Herausforderung für dich als Redner: Du musst deine Folien kennen.

Unscharf ist unsexy

Bei Bildern suche immer nach der Perfektion, die es nicht gibt. Stell dir immer nur eine Frage, eine einzige Frage. Diese Frage ist die Lösung all deiner Designprobleme: Würde Steve Jobs diese Folie freigeben?

Unscharfe Bilder, Bilder mit niedriger Auflösung, bei denen einem die Pixel regelrecht ins Gesicht springen – wer will das sehen? Suche nach Schönheit, nach Anmut, nach Augenweide, wenn du Bilder verwendest. Bilder sagen auch in Powerpoint mehr als tausend Worte – wenn du neben der Bildaussage auch auf die Qualität achtest.

Cliparts und Klischee

Apropos Bilder, Mr. Spock hätte gesagt: »Faszinierend.« Für mich ist es auch faszinierend zu sehen, welche Qualitätsmaßstäbe die Leute ansetzen, wenn es um Bildmaterial geht. Ich dachte, Microsoft-Cliparts wären längst ausgestorben. Weit gefehlt! Doch sie sind nicht das Ende der Fahnenstange des visuellen Klischees. Kennst du diese weißen Figuren ohne richtigen Kopf? Mit roten Elementen? Weg damit! Echte Bilder von echten Menschen (außer gestellter Situationen), echte Bilder von echten Tieren, echte Bilder von echten Straßen, echten Wasserfällen, echten Kneipen ... Echte Bilder lösen deutlich mehr Emotionen im Publikum aus als Cliparts und komische Klischee-Bilder.

Und Animationen?

Denk daran: Einfachheit ist die ultimative Raffinesse. Animationen in Powerpoint sind Störelemente im Redefluss. Sie stören sowohl das Publikum als auch den Redner. Mir ist absolut schleierhaft, warum Menschen so viel Zeit in ihre herumfliegenden Texte und Bilder investieren, statt an ihrer Botschaft zu feilen. Hast du schon einmal eine Präsentation mit Animationen erlebt, die hundertprozentig rund lief? Der Redner wusste genau, was er bei welchem Klick wann zu sagen hatte? Ich jedenfalls nicht. Also, mach dir dein Vortragsleben leichter und verzichte auf Animationen. Deine Botschaft ist viel wichtiger.

Visuelle Hilfsmittel sind ein wunderbares Werkzeug, um die Botschaft und die Inhalte einer Rede im Gedächtnis des Publikums zu verankern. Das klappt aber nur, wenn man sein Werkzeug richtig einzusetzen weiß. Versuch einmal, mit einer umgedrehten Schaufel ein Loch zu graben – das wird schwierig. Frage dich immer: Unterstützt ein Objekt meine Botschaft? Unterstützt eine Folie meine Botschaft? Wenn nicht, weg damit! Wenn ja, willkommen in der wunderbaren Welt der visuellen Hilfsmittel!

Exkurs: Die Ethos-Formel

Bis ich im Oktober 2005 in die rhetorische Welt von Toastmasters International eintauchte, war ich der Überzeugung, die ganze Welt würde mir glauben, wenn ich etwas sage. Heute weiß ich: Kein Mensch, den ich zum ersten Mal treffe, glaubt mir irgendetwas. Die Einzigen, die mir Glauben schenken, sind meine Familie, meine Freunde, meine Kunden und meine Geschäftspartner. All diejenigen, die mich kennen, glauben mir. Bei all jenen, die mich nicht kennen, muss ich meine Glaubwürdigkeit erst aufbauen.

In der Rhetorik überzeugen wir Menschen von unserer Botschaft mit Argumenten. Zwei der drei Säulen hast du bereits erbaut. Schritt 2 beschäftigte sich mit emotionalen Argumenten (Pathos), Schritt 4 mit logischen Argumenten (Logos). Die dritte Säule der Rhetorik heißt Ethos. Ethos ist eine »vom Bewusstsein sittlicher Werte geprägte Gesinnung, Gesamthaltung«[12]. In seiner Gesamtheit fragt sich ein Publikum immer: »Wie steht es um die moralischen Werte des Redners? Ist er echt und ehrlich oder manipuliert er mich? Kann ich glauben, was er sagt?«

Am Ende steht Ethos für Glaubwürdigkeit und diese ist nicht gottgegeben. Wir als Vortragende müssen auch die Ethos-Säule erst erbauen. Von allen drei Säulen muss sie die robusteste sein. Mein Rhetoric-Brettspiel-Partner[13] und internationaler Vortragsredner John Zimmer sagt: »Die Anteile von Logos und Pathos in einer Rede kannst du variieren je nach Publikum und Vortragsziel. Doch Ethos muss immer 100 Prozent sein.«

Mit der Ethos-Formel erhöhst du deinen Ethos-Wert:

ETHOS = (R + A + G + E) x A

Du sollst dich nicht in Rage reden während deines Vortrags, aber mit den vier Bauelementen – RAGE – wirst du glaubwürdiger als Redner.

R wie Reputation

Wir glauben Menschen mehr, wenn sie eine gute Reputation haben. Dein Ansehen, dein Ruf, deine Erfahrung, deine Expertise. Hier kommen zwei Tipps für eine bessere Reputation.

1. Streiche die Über-mich-Folie – am besten noch mit einem Foto von dir – ersatzlos aus deiner Powerpoint-Präsentation. Du weißt ja: Eigenlob stinkt. Viel besser ist ein Testimonial, zum Beispiel die Ankündigung vom Moderator, bevor du die Bühne betrittst. Testimonials funktionieren in der Werbung, und sie funktionieren bei Vorträgen. Wichtig: Den Anmoderationstext immer vorab zusenden! Das bedeutet zum einen weniger Recherchearbeit für den Moderator und zum anderen ist sichergestellt, dass er genau das sagt, was du hören willst.
2. Suche nach Anekdoten in deinem Leben, die beweisen, dass du die richtige Person bist, um über ein bestimmtes Thema zu sprechen. Verkäufer frage ich in meinen Trainings gerne: »Wann hast du zum ersten Mal in deinem Leben etwas verkauft?« Oft landen wir beim Zeitungsverkäufer im Teenageralter. »Und dann dachte ich, die brauchen doch auch noch Milch!« Produktbündelung mit zwölf Jahren – so eine Person kann mir etwas zum Thema Vertrieb erzählen! Solche persönlichen Anekdoten sind Reputationsrubine. Sie sind viel mehr wert als diese unsägliche Über-mich-Folie.

A wie Autorität

Wir glauben Menschen mehr, wenn sie Autoritätspersonen sind. Autorität kommt von Autor, aber nicht jeder schreibt Bücher. Auf der Bühne strahlst du Autorität aus durch die Schritte 9 bis 11 in diesem Buch: direkter Blickkontakt, offene Körpersprache und Stimmvolumen und -variation.

G wie Gemeinsamkeiten

Wir glauben Menschen mehr, wenn sie etwas mit uns gemeinsam haben. Ich war zum Beispiel Erasmus-Austauschstudent in Barcelona im Jahr 1997/98. Jedes Mal, wenn ich andere Erasmus-Teilnehmer treffe und mit ihnen spreche, spüre ich sofort, wie das Vertrauen wächst. Als Vortragender kannst du Gemeinsamkeiten durch geschlossene Fragen aufdecken.

In München hielt ich einmal einen Kurzvortrag zum Thema Feedback. Im Publikum saßen 133 Personalverantwortliche, das heißt gefühlt 120 Autofahrer. Ich komme aus Coburg, und ich kenne die Statistiken. Also fragte ich mein Publikum: »Wer von euch hat sein Auto bei der HUK Coburg versichert?« Die überwiegende Mehrheit hob den Arm, woraufhin ich sagte: »Da bin ich her!« Zugegeben, es war eine künstliche Gemeinsamkeit, und doch wirkte sie positiv!

E wie Empathie

Glaubst du Leuten mehr, wenn du ihnen wichtig bist? Ich definitiv schon. Wer ist König: der Verkäufer oder der Kunde? Klar, der Kunde. Wer ist Kunde: der Redner oder das Publikum? Klar, das Publikum. Wer ist demnach König: der Redner oder das Publikum?

Von jetzt an gilt, egal wo und wann und vor wem du Vorträge hältst: Du bist aus einem einzigen Grund da – für dein Publikum. Es gibt einen einfachen Weg, deinem Publikum zu zeigen, dass es dir wichtig ist. Dieser Weg heißt: Interaktion! Mit Interaktion baust du Empathiebrücken zu deinem Publikum.

Ich verwende drei Formen der Interaktion: geschlossene Fragen, Referenzen und Dialoge.

- Eine geschlossene Frage bedeutet für dein Publikum: »Unsere Meinung ist ihm/ihr wichtig!«
- Referenzen zu anderen Leuten im Publikum, besonders zu Vorrednern, bilden eine weitere Empathiebrücke. »Wie Herr Meier in seinem Vortrag so schön erwähnt hat, haben sich sie Konjunkturdaten deutlich verbessert.« Herr Meier rückt jetzt stolz wie Oskar auf seinem Stuhl hin und her. Inhaltliche Referenzen zu anderen Personen im Raum bedeuten immer, dass du ihnen vorher zugehört hast, sonst wäre keine Referenz möglich. Pure Empathie.
- Die höchste Form der Interaktion für mich ist der 1:1-Dialog mit einer Person im Publikum. Du schaust die entsprechende Person an und sagst: »Herr Meier, wie Sie in Ihrem Vortrag so schön erwähnt haben, haben sich sie Konjunkturdaten deutlich verbessert.« Das mache ich bei Publikums jeder Größe – von sechs Leuten bis zu 1300 Menschen. Mehr persönliche Verbindung mit einem Publikum geht nicht.

Das verflixte zweite A

Das große Problem der Ethos-Formel ist das zweite A. Egal wie hoch deine Reputation ist, egal wie viel Autorität du verströmst, egal ob es Gemeinsamkeiten gibt oder nicht und egal wie sehr du mit deinem Publikum interagierst, wenn das zweite A den wert null hat, zerbricht deine Ethos-Säule. Das zweite A steht für Authentizität.

Die gute Nachricht: Die Lösung des Problems ist einfach. Drei Jahre lang stellte ich immer die gleiche Frage in meinen Trainings. Jedes Mal, wenn eine Rede positiv bewertet wurde, weil der Vortragende so authentisch war, fragte ich die anderen Trainingsteilnehmer: »Warum war der Vortrag authentisch?« Authentizität ist wie ein Gericht. Ich sehe, rieche, spüre das Ergebnis, aber es bedarf hervorragender Zutaten, um ein hervorragendes Gericht zu kochen. Authentizität auf der Bühne bedarf ebenfalls exzellenter Zutaten.

Wenn ich alle Antworten, die ich in drei Jahren von den Teilnehmern gehört habe, herunterbrechen müsste auf zwei Begriffe, dann sind dies Echtheit und Verletzlichkeit. Und wie bin ich echt und verletzlich? Gehe nicht zurück auf »Los«, sondern zu Schritt 2. Mit emotionaler Transparenz und Verletzlichkeit wirst du immer als authentisch wahrgenommen werden. Da gibt es aus meiner Sicht keine Ausnahme. Ein Satz, der anfängt mit »Worauf ich nicht stolz bin, ist …« kann nur gewinnen. Ein Vortrag, der beginnt mit »Wir haben Fehler gemacht!«, kann nicht versagen. Als Klaus Wowereit, der ehemalige Regierende Bürgermeister von Berlin, sagte: »Ich bin schwul, und das ist gut so.«, wurde er gewählt. Emotionale Transparenz ist gleich Authentizität. Authentizität ist der beste Baustoff für deine Ethossäule.

Schritt 9: Blickkontakt

Fenster zur Seele

Denk an deinen ersten Kuss. Den ersten richtigen Kuss! Ich meine nicht den Kindergartenkuss, den du geben musstest, weil dir das Alphatier der Gruppe gesagt hatte: »Du traust dich eh nicht!« Ich meine den ersten Kuss. Mit Zunge. In dem Moment davor, hast du ihr oder ihm tief in die Augen geschaut?

Mein erster Kuss hieß Tanja. Es geschah während einer Jugend-Disco in der katholischen Kirche in Dörfles-Esbach nahe Coburg, Oberfranken. Mein Fußballfreund Dötz meinte: »Jetzt mach endlich!« Also musste ich es machen. Er war schließlich unser Mannschaftskapitän! Es war eklig-glitschig, aber ich erinnere mich noch gut an den Moment davor. Discorauch, blitzende Lichter, intensiver Blickkontakt. Nicht links, nicht rechts, nicht oben, nicht unten – 100 Prozent Blickkontakt! Die Augen der Menschen sind die Fenster zu ihren Seelen.

Und was machen wir, wenn wir als Vortragende auf einer Bühne stehen? Alles, nur nicht in die Augen schauen. Wir sind Weltmeister darin, Menschen nicht in die Augen zu schauen. Blickkontakt? Fehlanzeige! Das bringt allerdings zwei Probleme mit sich: Ohne direkten Blickkontakt haben wir als Redner deutlich weniger Ethos aufgrund geringerer Autorität, und wir bauen keine tiefere Verbindung zu den Menschen auf.

Vom Visionär bis zum Psychopathen

Und wen haben wir da nicht alles. Da haben wir zunächst einmal den »Visionär«. Visionäre schauen immer die hintere Wand des Raums oder des Saals an, in dem sie sprechen. Oder sie schauen zur Seite, aus dem Fenster, und zählen wahrscheinlich die Blätter an den Bäumen.

Dann haben wir die »Politiker«. Es gibt SPDler, die schauen nur nach links. Die ganze Zeit sprechen sie nur mit der linken Hälfte des Publikums aus ihrer Sicht. Ihre Grundposition auf der Bühne ist linkslastig. Ihre Füße sind nach links orientiert, nicht parallel, wie es sein müsste. Daneben gibt es selbstverständlich auch die CDUler, die sprechen nur mit der rechten Hälfte des Publikums aus ihrer Sicht. Blickkontakt braucht aber eine große Koalition!

»Schuh-Glotzer« sind die nächste Fraktion. Nach einem Vortrag kennen sie alle Schuhmodelle der Leute in der ersten Reihe. »Archäologen« suchen ständig Informationen auf dem Boden, doch sie werden nichts finden. Und »Psychopathen«? Sie schauen immer knapp zwei Zentimeter über die Köpfe der Anwesenden im Publikum.

Doch nur mit Blickkontakt baust du Verbindung zu Menschen auf. Die Augen sind die Fenster zur Seele. Deshalb, schau ihnen tief in die Augen.

Schau ihnen in die Augen, Kleines!

Ich war 14 Jahre alt. Wie jeden Donnerstag nach der Schule musste ich meinen Gang nach Canossa antreten: Musikstunde bei Herrn Eichstädter, meinem cholerischen Klarinettenlehrer. Zweieinhalb Kilometer bergauf zu seinem kleinen weißen Häuschen, um mich anschreien zu lassen, weil ich wieder zu wenig geübt hatte – hurra, mein Highlight jeder Woche …

An einem dieser Donnerstage marschiere ich wie jede Woche den Probstgrund in Coburg hinauf. Es zieht sich. Die Straße wird enger. Ich bin fast angekommen, da höre ich dieses Knurren. Im Schatten von Haselnusssträuchern, in der Mitte der engen Straße steht es … das Monster. Ein Rottweiler wie aus dem Film *Omen*, gigantisch groß! Später werde ich von Eichstädter hören, dass der Nachbarshund manchmal die Garage herunterspringt, um kleine, faule Klarinettenschüler zu fressen. Aber das ist mir jetzt egal. Ich stehe nur da, tue nichts und schaue in die Leere der Blätter des Haselnussstrauchs …

Dem Rottweiler damals habe ich nicht in die Augen geschaut, sonst könnte ich heute diese Zeilen nicht schreiben. Aber meinem Publikum schaue ich als Redner immer in die Augen. Das sind nämlich keine Rottweiler wie in Schritt 1 beschrieben. Ich bin ja auch keine Katze!

Also, wie schaust du deinem Publikum am besten in die Augen? Ich gebe dir zwei Tipps.

Immer einer

Im August 2014 hatte ich die Ehre, als einer von sechs Hauptrednern an der globalen Konferenz von Toastmasters International in Kuala Lumpur, Malaysia, aufzutreten. Ich hatte das Glück, den Hauptsaal zu bekommen. Ich blickte auf der breiten 20-Meter-Bühne in geschätzte 1300 Augenpaare. Logischerweise kann ich nicht jeden Einzelnen anschauen in meinen 55 Minuten Redezeit. Aber ich schaute immer wieder einzelne Personen für einen kurzen Augenblick direkt an. Stell dir vor, du müsstest dem Menschen, den du im Publikum ansiehst, einen Tennisball zuwerfen. Das geht nicht, wenn du ins Leere starrst!

Im Dunkeln Tic Tac Toe spielen

Hast du schon Vorträge gehalten auf Bühnen mit professioneller Beleuchtung? Da siehst du manchmal nichts ab der dritten, vierten Reihe. Wenn dem so ist, schau den Menschen, die du sehen kannst, direkt in die Augen und baue eine Verbindung auf. Bei den hinteren Reihen spiele Tic Tac Toe und springe in neun imaginären Quadranten umher. Anders geht es in dem Fall nicht.

Jäger des verlorenen Nickens

Wer trifft sich noch einmal in den ersten zwei Minuten jedes Vortrags? Richtig! Ein skeptisches Publikum und ein nervöser Redner. Ein Publikum ist per definitionem erst einmal skeptisch: »Ein Fremder will mir etwas erzählen?« Loriot hätte gesagt: »Mooooment!«

Redner müssen gegen diese Skepsis vorgehen. Wie? Mit Empathiepunkten. Mit dem richtigen Blickkontakt mit der richtigen Person im richtigen Moment kannst du viele Empathiepunkte sammeln.

Einer der Hauptpunkte der Agenda unserer Toastmasters-Sitzungen sind Table Topics, auf Deutsch Stegreifreden. Bei den Stegreifreden musst du eine spontane Frage in ein bis zwei Minuten beantworten. Mir wurde einmal ein Foto von einem Kindersoldaten aus Darfur vor die Nase gehalten. »Florian, was denkst du? Du hast zwei Minuten!«

Ich weiß heute nicht mehr, was ich damals geantwortet habe. Aber stell dir die Situation vor. Stell dir vor, ich würde dieses Foto von diesem Kindersoldaten in die Höhe halten und Folgendes zu meinem Publikum sagen: »Amir, 14 Jahre, Kindersoldat aus Darfur. Trinkt Jim Beam, wird sexuell missbraucht, bringt Menschen um. Ist das nicht schrecklich?« Während ich die rhetorische Frage stelle, schaue ich nicht den 16-jährigen Skater-Boy an, der in der ersten Reihe neben seiner VIP-Mama sitzt. Nein, ich schaue eine andere Person an. Ich habe mir mein Publikum vor meinem Vortrag angesehen. Dort, in der fünften Reihe, halblinks, sitzt mein Zielobjekt. Eine etwa 45-jährige Frau, wahrscheinlich Mutter von zwei Teenagern. Ich schaue ihr tief in die Augen, als ich meine Frage stelle: »Ist das nicht schrecklich?«

Die Frau nickt. Ein nickendes Publikum ist weniger skeptisch. Ein weniger skeptisches Publikum ist ein besseres Publikum. Redner sind die Jäger des verlorenen Nickens. Unsere Empathiefalle ist der richtige Blickkontakt mit der richtigen Person im richtigen Moment.

Wenn du Hamburg erwähnst und weißt, dass jemand aus dem Publikum aus Hamburg kommt, schau diese Person an. Empathiepunkte! Wenn du von Fußball sprichst und vor dem Vortrag, während der Kaffeepause, einen BVB-Fan kennengelernt hast, schau diese Person an. Empathiepunkte! Wenn du von den Anonymen Alkoholikern sprichst und … Oh, das lassen wir lieber!

Sei ein Jäger des verlorenen Nickens und schau die richtigen Leute im richtigen Moment an.

Die Augen des Publikums sind die Fenster zu ihren Seelen. Vortragende wollen alles sein, vom Visionär bis zum Psychopathen, nur um nicht in ihre Seelen zu blicken. Aber das ist keine Option. Schau ihnen in die Augen, Kleines! Wenn du zudem noch die richtige Person im richtigen Moment ansiehst – Empathie-Tsunami!

Wenn du ihnen einmal in die Augen schaust und Verbindung aufgebaut hast, bist du bereit für den nächsten Darbietungsschritt. Und der hat auch mit Angela Merkel zu tun.

Schritt 10: Körpersprache

Dr. Thomas Rose und die 50 Kilometer

Einer meiner besten Kontakte bei Toastmasters ist Dr. Thomas Rose. Thomas ist Unternehmensberater, Coach, Trainer, Redner und einen Doktor in Physik hat er auch noch. Aber das Beste an Thomas ist, dass er Bier genauso gern mag wie ich. Ein echter Kölner!

Es war auf einer unserer Europakonferenzen in Basel. Ich kann mich nicht mehr an seinen Workshop-Titel erinnern, aber ich werde nie seine 1-Zentimeter-50-Kilometer-Analogie vergessen. Thomas malte eine kurze horizontale Linie auf ein Flipchart-Papier. Darüber schrieb er »1 cm«. Dann fragte er die mehr als 120 Workshop-Teilnehmer im Raum: »Wenn unser Bewusstsein einen Zentimeter lang wäre, wie lange wäre dann unser Unterbewusstsein?« Es hagelte Antworten: »99 Zentimeter«, »Ein Meter«, »Zehn Meter«, »Ein Kilometer«! Thomas nickte anerkennend und malte dann eine zweite horizontale Linie daneben mit drei Punkten am Ende. Darüber schrieb er zum Erstaunen aller im Saal: »50 km«.

Wenn wir von Körpersprache reden, müssen wir immer diese 50 Kilometer vor Augen haben. Ein Publikum sieht alles, ohne es zu sehen – im Unterbewusstsein.

Seit Thomas' Workshop verwende ich diese Analogie in meinen Seminaren. Ein Wissenschaftler sagte einmal: »Das kann man nicht berechnen!« Aber es ist eine Analogie, die ich verstehe. Als Redner jongliere ich nicht mit dem Zentimeter, sondern mit den 50 Kilometern. Geschlossene Körpersprache? Ethoskratzer! Ein Kratzer am Hals? Ethosbruch! Mit dem Rücken zum Publikum? Ethoskernschmelze!

Es ist nie der Zentimeter, es sind immer die 50 Kilometer. Wirst du deine Körpersprache bei Vorträgen deutlich verbessern, während du dieses Buch liest? Wohl kaum, denn es fehlt die Bühne, das Publikum, das Lampenfieber. Betrachte daher dieses Kapitel als Inspiration, und übe dann in der Praxis.

Eine Frage habe ich in Trainings bereits unzählige Male gehört: »Was soll ich bloß mit meinen Händen machen?« Dabei lautet die wichtigere Frage: »Was soll ich *nicht* mit meinen Händen machen?«

Ausgerautet, Angela

Sobald du einen ungeübten Redner vor eine Gruppe stellst, passiert fast immer eines: Sofort »schließt« er den Körper. Die Hände berühren sich, als wären sie zwei sich gegenseitig anziehende Magnete.

Angela Merkels Raute, Beten wie in der Kirche, Händewaschen wie auf der Toilette, die Faust, der Fingerzupfer, der Eheringdreher (immer interessant, wenn gar kein Ehering mehr da ist!) – die Hände des Vortragenden berühren sich, um … Ja, warum eigentlich?

Jedes Mal, wenn wir bei menschlichem Handeln vor einem Fragezeichen stehen, liegt die Antwort häufig in der Evolution unserer Spezies. Es gibt beim Menschen zwei weiche Stellen, zwei kritische Stellen am Körper: die Kehle und der Bauch. Ein Schnitt in der Kehle oder ein Schnitt im Bauch – das war's! Und genau diese Stellen beschützen wir, wenn wir vor eine Gruppe Fremder treten.

Nur haben wir die Wette ohne die 50 Kilometer von Dr. Thomas Rose gemacht. Geschlossene Körpersprache mit geschlossener Gestik sagt dem Unterbewusstsein des Publikums: »Der fühlt sich unwohl, der will weg hier, der hat Angst!« Welch ein Ethoskiller!

Es tut mir leid, Angela, aber es hat sich »ausgerautet«! Wir brauchen offene Gestik, offene Körpersprache. Denn eine offene Körpersprache vermittelt Selbstsicherheit, Selbstvertrauen, Charisma.

Zurück zu der Frage, die ich so oft höre: »Was soll ich bloß mit meinen Händen machen?«

I MISS you, Gestik!

Ich verwende bei meinen Vorträgen Gestik auf vier verschiedene Arten. Mit dem Apronym[14] MISS wird deine Körpersprache deutlich an Bedeutung gewinnen. Das ist es auch, was alle vier Gestikarten gemeinsam haben – sie haben Bedeutung. Die Merkel-Raute hat überhaupt keine Bedeutung!

Metaphern

Eine Metapher als rhetorisches Mittel verbessert die Qualität deines Inhalts. Du kannst aber auch metaphorische Gestik einsetzen, um mündliche Konzepte mit Gestik zu komplementieren. Du könntest zum Beispiel über die enge Beziehung sprechen, die du mit einem deiner Kunden pflegst. Während du es sagst, presst du deine Handflächen gegeneinander, um die Verbundenheit metaphorisch zu visualisieren. Oder stell dir vor, du würdest darüber reden, wie sehr dich die Schließung einer Abteilung persönlich getroffen hat – ein geplatzter

Traum! Wie würdest du den geplatzten Traum mit der rechten Hand visualisieren?

Metaphorische Gestik unterstreicht das gesprochene Wort. Sie fügt Bedeutung hinzu.

Illustration

Während für metaphorische Gestik ein gewisses Maß an Kreativität und Übung nötig ist, kann sich keiner in meinen Seminaren der illustrativen Gestik entziehen.

Kannst du deine Hände etwa *nicht* einsetzen, um zu zeigen, wie du ein Ei aufschlägst?

Kannst du deine Hände etwa *nicht* einsetzen, um zu zeigen, wie du ein Glas Rotwein trinkst?

Kannst du deine Hände etwa *nicht* einsetzen, um zu zeigen, wie groß deine Kinder sind?

Mit Körpereinsatz und offener Körpersprache kannst du alles illustrieren: jedes Objekt, jedes Instrument, jede Sportart. Illustrative Gestik unterstreicht das gesprochene Wort. Sie fügt Bedeutung hinzu.

Symbole

Lass uns eine Übung machen! Verwende Gestik und hauche nonverbales Leben in die folgenden Ausdrücke:

O.K. – Exzellent! – Liebe – Sieg beim 100-Meter-Lauf

Wenn du an Winston Churchill denkst, woran denkst du sofort, außer an seine ewig brennende Zigarre? Das Victory-Zeichen!

Symbolische Gestik unterstreicht das gesprochene Wort. Sie fügt Bedeutung hinzu.

Signale

Noch eine Übung! Verwende andere Arten von Gestik und hauche nonverbales Leben in die folgenden Ausdrücke:

Eins – Zwei – Drei – Stopp! – Los! – Links – Rechts

Du siehst schon, auch signalisierende Gestik unterstreicht das gesprochene Wort. Auch signalisierende Gestik fügt Bedeutung hinzu.

Gratuliere, jetzt muss ich bei dir nie wieder sagen: »I MISS you, Gestik!« Dank MISS haben deine Gestik und Körpersprache deutlich an Bedeutung gewonnen. Außerdem beschützt du dank MISS deinen Bauch nicht mehr. Die 50 Kilometer Unterbewusstsein des Publikums nehmen dich jetzt als charismatischeren Redner wahr.

Jetzt fehlt nur noch ein wichtiges Körperteil für eine noch begeisterndere Körpersprache: dein Gesicht!

Jim Carreys bester Freund

In meinen Trainings wurde mir von Teilnehmern schon oft bescheinigt, dass ich sie an Jim Carrey, den kanadischen Schauspieler, erinnere. Mit dem Aussehen kann das nicht viel zu tun haben. Er sieht gut aus. Es ist die Mimik, die Ausdrucksweise, das Mienenspiel.

In einem Interview aus dem Jahr 1985 sagte Jim Carrey: »Mein bester Freund ist der Spiegel.« Stell dir vor, wie es bei Jim Carreys Morgentoilette im Badezimmer abgehen muss. Seit 2005 mache ich das Gleiche. Ich trainiere jeden Morgen, jeden Abend, jedes Mal wenn ich vor einem Spiegel stehe.

Ich kenne jeden meiner Gesichtszüge, jedes Stirnrunzeln, jedes Lächeln, jede Emotion von Angst bis Respekt. Während du jeden Morgen vor dem Spiegel stehst, gelangweilt deine Zähne putzt, dich gelangweilt rasierst oder gelangweilt Make-up aufträgst, ist bei mir Showtime!

Übrigens, falls du Brillenträger bist, aber auch Kontaktlinsen tragen kannst, empfehle ich immer Kontaktlinsen bei wichtigen Vorträgen. Die wichtigste Partie im Gesicht ist die Augenpartie. Dort tanzen die 50 Kilometer Unterbewusstsein des Publikums Rock'n'Roll. Eine Brille ist zwar kein Problem, aber wir Redner streben eben immer nach der Perfektion, die es nicht gibt.

Tear down this wall

Am 12. Juni 1987 gab der damalige US-Präsident Ronald Reagan eine der wichtigsten politischen Reden des 20. Jahrhunderts. Vor dem Brandenburger Tor und direkt an der Berliner Mauer forderte er den Führer der Sowjetunion, Michail Gorbatschow, auf: »Tear down this wall!«

Bei Vorträgen sollten wir Reagans Aufforderung immer folgen. Oft erlebe ich Redner, wie sie hinter dem Rednerpult kleben. Rednerpulte sind Berliner Mauern – reiße sie nieder! Deine Körpersprache braucht Transparenz und Freiheit wie Rosen den Regen.

Länger als acht Sekunden

Wenn du dich einmal von allen Mauern befreit hast, kommt die nächste Herausforderung mit 250 Sachen auf dich zu. Du stehst jetzt mitten auf der Bühne, du schaust in viele erwartungsvolle Augenpaare. Was machst du? Du fängst an zu reden. So weit, so gut. Aber was denkst du: Wie lange kann sich dein Publikum auf das konzentrieren, was du sagst, wenn du nur an einem Fleck stehst und dich nicht bewegst?

Es gibt Studien zur Aufmerksamkeitsspanne des Menschen, zum Beispiel von Microsoft aus dem Jahr 2015. Demnach ist sie bei digitalen Medien auf acht Sekunden gefallen. Bei Vorträgen ist das nicht viel anders. Ich meine damit nicht, dass dir die Leute nach 20 Sekunden absichtlich nicht mehr zuhören. Ich meine, dass sie gedanklich abschweifen und ihre innere Stimme hören: »Oh, ich hätte doch noch auf die Toilette gehen sollen!«, »Jetzt ein Kaffee – das wäre grandios!«, »Mist, ich habe Mikes Geburtstag vergessen, den muss ich unbedingt anrufen!« Was ich damit sagen will: Dein Publikum ist ständig abgelenkt, und es ist deine Aufgabe als Redner das Aufmerksamkeitsniveau und damit die Spannung aufrechtzuerhalten.

Als Redner kannst du das Aufmerksamkeitsniveau des Publikums mit einem simplen Trick erhöhen: mit horizontaler Bühnenbewegung. Wenn du nicht von links nach rechts und von rechts nach links auf der Bühne bewegst, steigt die Aufmerksamkeit. Warum? Weil du dich in ein sich bewegendes Objekt am Horizont verwandelst. Evolutionstechnisch müssen sie dir folgen. Und folgen heißt mehr Aufmerksamkeit.

Wie alles im Leben ist auch gute Bühnenbewegung eine Frage von Gleichgewicht. Bewegst du dich rund um die Uhr horizontal auf der Bühne, mutierst du zum nervösen Löwen im Käfig. Das macht dein Publikum nach weniger als 30 Sekunden wahnsinnig.

Wenn du wichtige Aussagen triffst, deine Botschaft wiederholst oder eine dramaturgische Pause machst – stehst du still! Nimm die Grundhaltung ein, mit Gleichgeeicht, auf English *poise*. Du wirst zur Eiche, die Füße parallel mit einem Abstand von etwa 30 Zentimetern. Die Wurzeln der Eiche durchdringen die Bühne und reichen bis hinab in den Keller. Jetzt bist du im Gleichgewicht. Du bist eine Eiche. Übersetzt in 50 Kilometer bedeutet das Ruhe, Gelassenheit, Kontrolle, Führung, Bill-Clinton-Style.

Dann aber bewege dich wieder, um die Aufmerksamkeit hoch zu halten. Am besten sind Bewegungen auf der Bühne, die einen Zweck haben, zum Beispiel Bewegungen auf der Zeitachse. Stell dir vor, du stehst in der Mitte einer Bühne. In der Wahrnehmung des Publikums ist das die Position der Gegenwart. Jetzt sagst du: »Ich erinnere mich noch genau an jenen verregneten Morgen im Oktober vor 20 Jahren.« Wenn du dich in diesem Moment von der Mitte aus nach rechts bewegst, gehst du in die Vergangenheit aus Sicht des Publikums (Achtung: Die Zeitachse ist spiegelverkehrt!). Du könntest später zurückkehren in die Mitte, zur Gegenwart, um schließlich nach links weiterzugehen, um einen Ausblick in die Zukunft zu geben.

Stehen für Autorität und bewegen für Aufmerksamkeit – dein Publikum wird dir dann mit Sicherheit länger zuhören als nur schlappe acht Sekunden.

Blickkontakt ist wichtig, Körpersprache noch wichtiger. Das wichtigste Element für eine begeisternde Darbietung ist aus meiner Sicht jedoch die Stimme.

Schritt 11: Stimmvariation

Du kennst deine Stimme schon

Es könnte so einfach sein, und doch ist es mit Abstand der größte Stolperstein auf dem Weg zum begeisternden Vortrag. Das ist jedenfalls meine Erfahrung. Deine Stimme ist deine Massenaufmerksamkeitswaffe! Du könntest einen Vortrag vor Blinden halten und du würdest sie begeistern mit deiner Stimmvielfalt, deiner Stimmmodulation, den weichen, lieblichen Tönen, gefolgt von schroffen, abgehackten Lauten und deinem wichtigsten Wort … der Pause.

Doch was passiert oft bei Rednern auf der Bühne: Es herrscht Monotonie, die Stimme klingt wie ein Elektrokardiogramm ohne Herztöne. Dabei könnte es so einfach sein.

Eine der wichtigsten Übungen in meinen Trainings ist die »Stimm-Matrix-Übung«. Dafür picke ich vier unfreiwillige Freiwillige heraus, einen nach dem anderen. Jedem erkläre ich eine von vier Alltagssituationen, zum Beispiel den Besuch einer Beerdigung, den Streit mit dem Ehemann im Supermarkt, kein Bier mehr auf der Party oder den Sieg des eigenen Teams bei der UEFA Champions League, während man im Stadion ist. Nach einigen Anläufen und mit viel Szenenapplaus setzen die Probanden ihre Stimme schließlich so ein wie im echten Leben. Nach Emotionen und Lachen und guter Stimmung sind sie bereit für einen der wichtigsten Sätze in meinen Trainings. Ich sage immer: »Ihr kennt eure Stimme schon!«

Du kennst deine Stimme auch schon. Du verwendest sie in der Fleischerei an der Ecke, in der Kneipe mit Freunden, beim Spielen mit deinen Kindern, beim Streit mit einem Arbeitskollegen. Du setzt deine Stimme immer und überall ein – und dann trittst du auf die Bühne und es herrscht … Monotonie! Setz deine Stimme vor 250 Leuten genauso ein wie im echten Leben! Wenn du wütend bist, sei wütend, und wenn du verliebt bist, sei verliebt. Das ist deine authentische Stimme. Das ist deine Massenaufmerksamkeitswaffe!

Die vier Dimensionen deiner Stimme

Deine Stimme hat vier Dimensionen. Du kannst laut reden wie ein Herbststurm oder leise wie eine Bücherei. Das ist die Dimension *Volumen*.

Du kannst langsam sprechen wie eine Schnecke oder schnell reden wie ein Kaninchen. Das ist die Dimension *Tempo*.

Hast du den Film *Findet Nemo* gesehen? In diesem Animationsfilm gibt es eine Szene, in der die Palettendoktorfisch-Dame Dorie mit einem Wal spricht. Sie spricht »Walisch« mit einer Pitch-Palette, die unerreicht bleibt. Die dritte Dimension heißt *Pitch*. Bei Panik neigen wir zum Beispiel zu hohem Pitch, tiefen Pitch verwenden wir, wenn wir eine ernste Botschaft kommunizieren müssen.

Volumen, Tempo, Pitch, und wenn alle drei Dimensionen auf null gehen, dann haben wir … die Pause.

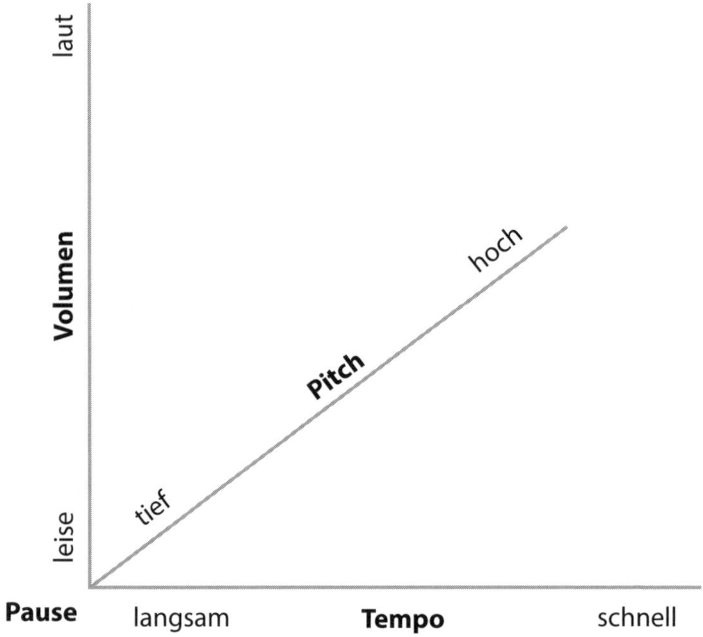

Die vier Dimensionen der Stimme

Ein normaler Redner bewegt sich linear in diesen Dimensionen: mit anständigem Volumen, einem angenehmen Pitch und einem Tempo, das nicht zu schnell ist und nicht zu langsam. Pausen gibt es nicht. Das Ergebnis: Monotonie!

Ein begeisternder Redner bewegt sich in allen vier Dimensionen mit ständigen Rhythmus- und Volumenwechseln. Dialoge im Rahmen von Geschichten (Schritt 7) sorgen für Pitch-Variationen. Und ein guter Redner nutzt vor allem die vierte Dimension, die effektiver ist als jedes Wort.

Hier habe ich für dich zwei unterhaltsame und wirkungsvolle Übungen für mehr Stimmvariation: Reden in Rollen und Reden mit Musik.

Die erste ist das Reden in Rollen. Dies aber bitte nur in ganz dunklen Räumen fernab aller Kollegen oder Familienmitglieder. Wenn du deinen Vortrag vorbereitet hast, schlüpfe in verschiedene Rollen und halte Teile des Vortrags in der jeweiligen Rolle:

- Flüstere wie der Wind.
- Brüll wie ein Löwe.
- Sprich wie Otto Walkes.
- Rede langsam wie eine Weinbergschnecke.
- Sprich wie Dorie in *Findet Nemo.*

Eine zweite Übung ist das Reden wie Musik. Lass nacheinander verschiedene, bunt gemischte Musikstücke im Hintergrund laufen – von Mozarts Requiem bis Metallicas *Master of Puppets.* Während das jeweilige Musikstück läuft, sprichst du deinen Vortragstext genau angepasst an die emotionale Schwingung des Stücks. Gerade diese zweite Übung wird deiner Stimme etwas geben, was normalerweise nur sehr geübte Redner oder Schauspieler beachten und einsetzen: Deine Stimme ist mehr als ein Sprachrohr, deine Stimme ist Musik. Musikalität in deiner Stimme baut die Pathossäule deines Vortrags noch ein Stück höher.

Die vierte Dimension

Mark Twain, der große amerikanische Humorist und Schriftsteller, hat einmal gesagt: »Das richtige Wort mag effektiv sein, aber kein Wort war jemals effektiver als eine richtig platzierte ... Pause.« Ich bin heute überzeugt, dass die Pause das wichtigste »Wort« ist, das wir als Vortragende zur Verfügung haben. Das liegt an den drei Vorteilen der Pause.

Bessere Informationsverarbeitung

Hören ist nicht Lesen. Dein Publikum kann einen Teil deiner Rede nicht noch einmal lesen. Es muss jedes Wort, jeden Satz, jeden Abschnitt, jeden Übergang verstehen können. Pausen helfen deinem Publikum, die Informationen deines Vortrags zu verarbeiten.

Mehr Ethos

Lampenfieber ist wie Stechmücken. Wer braucht es wirklich? Aber es ist nun mal da, ein Überlebensinstinkt, fest in unserem Kleinhirn verankert. Unsere innere Stimme schreit: »Vor fremden Menschen den Mund aufreißen, bist du wahnsinnig? Renn weg!«

Doch was wir selbst fühlen, ist eine Sache, was das Publikum wahrnimmt, eine andere. Bei der großen Mehrheit von Rednern spüre ich, dass ihr einziges Ziel ist: zurückkehren zum sicheren Stuhl. Aber das sollte dein Publikum unter gar keinen Umständen wahrnehmen. Du hältst einen Vortrag nicht, um wieder auf deinem Stuhl zu sitzen. Du hältst einen Vortrag, um deinem Publikum ein Geschenk zu machen. Dein Geschenk ist, dass sie nach deinem Vortrag anders denken, anders handeln oder anders fühlen.

Mit Pausen zeigst du ihnen, dass du ihnen dieses Geschenk gerne machst. Deine Glaubwürdigkeit braucht Pausen, Pausen sind Ethos.

Mehr Spannung und Dramatik

Dramaturgische Pausen, Kunstpausen, schaffen Spannung während des Vortrags. Ein gespanntes Publikum ist ein aufmerksameres Publikum.

»Als wir im Meeting-Raum ankamen, dachte ich zunächst … *[zwei Sekunden Pause]* … Aber nein, es kam anders. Unsere Kundin, Frau Hirsch, überraschte uns mit … *[eine Sekunde Pause]* … einem Angebot, das wir nicht ablehnen konnten.«

Pausen sind besonders wichtig bei plötzlichen emotionalen Twists. Ich veranschauliche sie bei Vortragsreden mit der SMS, die mein Leben für immer ändern sollte:

»Es ist der 12. März 2008, 3:48 morgens. Ich stehe auf der Teka-Terrasse unserer Junggesellen-WG. Josch räumt noch die Küche auf. Mediterraner Wind, der vom Meer herüberzieht, bläst mir ins Gesicht. Ich bekomme eine SMS. Sie ist von meinem Bruder Martin. Ich will sie nicht lesen, aber ich muss. ›Requiem aeternam dona eis, Domine, et lux perpetua luceat eis.‹ Es sind die ersten Zeilen von Mozarts Requiem. Darunter steht: ›Ich kann dich nicht anrufen, um dir zu sagen, dass Papa gestorben ist …‹« [In diesem Moment setze ich eine Fünf-Sekunden-Pause, die gefühlt zwei Stunden dauert. Ich lasse den Satz stehen und bewege mich horizontal einige Schritte nach links. Drei, vier fünf … und sage dann] »Aber es musste weitergehen …«

Viel zu oft erlebe ich, dass Redner ihre dramaturgischen Pausen nicht auskosten. Sie rasen durch ihre Vorträge und verlieren dabei so viel an Wirkung.

Bessere Informationsverarbeitung, mehr Ethos, mehr Spannung, mehr Dramatik – Pausen sind Power! Aber statt sie einzusetzen, ersetzen sie die meisten Redner durch … Schokoladenstreusel.

Zitroneneis und Schokoladenstreusel

Erinnere dich an das letzte Mal, als du an einem Sandstrand am Meer warst. Du hörst das Rauschen der Brandung, es riecht nach Seetang. Die Sonne brennt vom Himmel. Du gehst dir ein Zitroneneis holen. Mit Waffel. Der nette Eisverkäufer ist von der kreativen Sorte. Er gibt dir noch einige Schokoladenstreusel obendrauf. Lecker!

Das Zitroneneis ist dein Vortrag. Die Schokoladenstreusel sind deine Füllklänge – »ähm«, »ah«, »eh«. Du garnierst dein leckeres, erfrischendes, begeisterndes Zitroneneis mit vielen, vielen, vielen Schokoladenstreuseln. Das Problem: Es sind keine Schokoladenstreusel, es ist Hundekacke!

Jeder dieser Schokoladenstreusel tötet deine wunderbaren Pausen. Mark Twain würde sich im Grab umdrehen! Was tun? Bei Toastmasters haben wir einen Äh-Zähler. Am Ende jeder Sitzung erhältst du deinen persönlichen Bericht. Das hat mich, als ich 2005 in einem Club in Barcelona anfing, so wahnsinnig gemacht, dass ich begann darauf zu achten.

Die Schokoladenstreusel schmeckten mir plötzlich überhaupt nicht mehr. Ich entfernte einen nach dem anderen von meinem Zitroneneis. Heute kann ich kein »Ähm«, »Äh« oder »Eh« mehr sagen. Sie sind weg! Der einzige Weg, die Schokoladenstreusel loszuwerden, ist darauf zu achten, während du deine Vorträge hältst.

Ein halber Weinkorken

Ein weiterer wichtiger Aspekt der Stimme im Sinne der Verständlichkeit ist die Intonation.[15] Dies gilt besonders für Vorträge, die du in Sprachen hältst, die nicht deine Muttersprache sind. Intonation umfasst Akzent und Tonhöhenverlauf (Wortmelodie). Sie ist entscheidend für die Klarheit deines Vortrags.

Das Thema Intonation war für mich als Oberfranke der »blange« Horror! Aber dank Studium, Unternehmensberatung und Jahren im spanischen Ausland klappt es jetzt »fei« gut mit den Konsonanten.

Pro-Speaker Olivia Schofield verwendet in ihren Trainings eine Übung, die sie beim englischen Fernsehen BBC gelernt hat. Nachrichtensprecher machen das, bevor sie auf Sendung gehen. Du kannst die Übung auch machen. Es ist wiederum zu empfehlen, diese nicht vor der versammelten Familie auszuführen.

So geht's: Halbiere einen Weinkorken und nimm ihn vertikal zwischen deine Schneidezähne. Halte deinen Vortrag. Nach zwei Minuten nimmst du den Korken heraus und hältst deinen Vortrag erneut. Du wirst feststellen, dass sich deine Intonation merklich verbessert.

Das Dreieck der Kohärenz

Kein Element in der freien Rede steht für sich alleine. Auch deine Stimme steht nicht alleine im Raum. Inhalt und Darbietung sind keine Individuen, sondern ein Team. Deshalb hole ich in diesem letzten Abschnitt zum Thema Stimme deinen Inhalt und deine Körpersprache mit ins Boot.

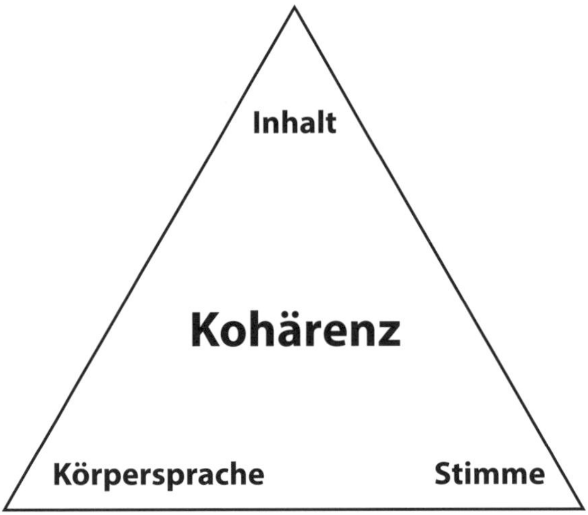

Das Dreieck der Kohärenz

Kohärenz ist eines meiner absoluten Lieblingsthemen in der freien Rede.[16] Was muss kohärent sein? Jeglicher Inhalt, den du mit deinem Publikum teilst (inspirierend, motivierend, lustig, fröhlich, traurig, seriös, ernst …), hat eine direkte Auswirkung auf deine Körpersprache sowie auf deine Stimme. Nur wenn das Dreieck der Kohärenz aus Inhalt, Körpersprache und Stimme im Gleichgewicht ist, wirkt dein Vortrag insgesamt stimmig. Nur dann wirkst du als Redner authentisch.

In einem Training sagte eine Teilnehmerin: »Ich war acht, als meine Eltern sich scheiden ließen.« Während sie das mit schrilllauter Stimme sagte, lächelte sie. Klar, es ist ja auch total lustig, wenn du acht Jahre alt bist und sich deine Eltern scheiden lassen. Nein, ist es nicht! Dieses Dreieck war nicht im Gleichgewicht. Sie hätte ihr Stimmvolumen herunterfahren und den Satz mit ernster Miene und ohne Lächeln sagen müssen.

Ein toller Tipp kommt an dieser Stelle von Craig Valentine, 1999 Toastmasters International Weltmeister in der freien Rede. Er empfiehlt, in Gedanken in den »Re-Living Room« zu gehen. Wenn du als Vortragender nicht über Momente in der Vergangenheit redest, sondern sie nacherlebst, wirst du immer kohärent sein.

Bravo, du verwendest jetzt alle vier Dimensionen deiner Stimme, die du schon kennst! Du entfernst die Schokoladenstreusel von deinem Zitroneneis und machst Mark Twain mit deinen dramaturgischen Pausen stolz. Du steckst dir halbe Weinkorken in den Mund, um deine Intonation zu verbessern und du erlebst Momente im Re-Living Room nach. Inhalte, Körpersprache und Stimme sind jetzt kohärent. Du bist jetzt ein authentischer Redner, der mit Darbietung, Inhalt, Logos, Ethos, Pathos und Selbstvertrauen tolle Vorträge hält.

Jetzt fehlen nur noch vier Schritte. Diese vier Schritte machen aus deinem tollen Vortrag einen begeisternden Vortrag! Es sind die vier letzten Schritte, die dich im Langzeitgedächtnis deines Publikums verankern.

Schritt 12: Humor

Die gute Nachricht zuerst

Bist du Witzeerzähler? Merkst du dir Witze? Ich nicht. Ich vergesse sie alle – außer den Leichenwäscher-Witz. Den habe ich im Zivildienst anno 1994 gehört. Aber den kann ich nirgends erzählen …

Die gute Nachricht für alle Nicht-Witzeerzähler: Humor ist ein Muster. Und weil Humor ein Muster ist, kannst du Humor replizieren. Du kannst Humor schreiben. Hinter jedem einzelnen Lacher bei den Stand-up-Comedians im Fernsehen steht ein Muster.

Humor bei einem Vortrag ist keine Kür, sondern Pflicht! Bei einem 20-minütigen Vortrag brauchst du mindestens fünf bis sieben Lacher im Publikum. Es gibt dazu keine Regeln, das ist ein Bauchgefühl. Aber klar ist: Ohne Lacher ist weniger positive Energie im Raum. Ohne Lacher herrscht weniger Sympathie für den Redner, also dich. Ohne Lacher keine Verankerung im Langzeitgedächtnis. Maya Angelou, die US-amerikanische Schriftstellerin, Professorin und Bürgerrechtlerin hat gesagt: »Ich habe gelernt, dass Menschen vergessen, was man gesagt hat, dass Menschen vergessen, was man getan hat, aber dass Menschen niemals vergessen, welche Gefühle man in ihnen hervorgerufen hat.« Lachen ist Emotion.

In diesem Schritt teile ich mit dir die vier Humormuster, die ich in meinen Reden am häufigsten anwende.

Zwei Hunde, Osnabrück und Lederhosen

Das Unerwartete sagen, das ist das Standardmuster in jedem Witz der Welt. Am Ende kommt die Pointe, die unerwartete Wendung, der Twist.

Bei einem Training redeten einige der Teilnehmer in ihren Vorträgen über ihren Nachwuchs – Kinder hier und Kinder da. Der siebte Redner, Florian wie ich, ist an der Reihe. An einer Stelle der Rede meint er: »Wir haben auch Nachwuchs … [Pause] … zwei Hunde!« Allgemeines Gelächter.

»Und dann zog ich von Berlin in die aufregendste Stadt der Welt … [Pause] … nach Osnabrück!«

»Wir Deutschen sind bekannt für unsere großen Kulturgüter wie … [Pause] … Lederhosen!«

Im vorherigen Schritt habe ich die Vorteile der Pause diskutiert. Bei Humor wird die Pause noch wichtiger! Humor braucht Pausen wie Angela Merkel ihre Raute. Ohne Pausen ruinierst du die Pointe.

Erwartet, erwartet, unerwartet

Noch sicherer wird der Lacher im Publikum, wenn du die Erwartungshaltung des Publikums erst stärker aufbaust, bevor der Bruch kommt. Das funktioniert gut mit einer Worttriade im Sinne von »erwartet, erwartet und unerwartet«. In meinen Trainings in Spanien sage ich zum Beispiel: »Deutsche sind pünktlich. Deutsche sind effizient. Deutsche sind Alkoholiker!« Da lachen die Spanier.

Meine Toastmasters-Freundin Emilia Fossati aus Genua hielt eine Rede in unserem Club. An einer Stelle sagte sie: »Und dann bin ich nach Australien gezogen. Australien ist ein gefährliches Land. Da gibt es Krokodile und Schlangen und Quallen.« Erwartet, erwartet, erwartet – kein Lacher. In meiner Redeevaluierung sagte ich zu ihr: »Emilia, das war ein Elfmeter ohne Torwart! Warum ersetzt du nicht die Quallen und sagst: ›Und dann bin ich nach Australien gezogen. Australien ist ein gefährliches Land. Da gibt es Krokodile und Schlangen und … Bier trinkende australische Männer!‹«

Suche stets nach Möglichkeiten, mit dem Erwarteten zu brechen. Das ist immer ein sicherer Lacher.

Groß, größer, am größten, Übertreibung

Das rhetorische Mittel der Hyperbel, der starken Übertreibung, ist ebenfalls ein Lachermacher.

»Unser Businessplan ist dicker als die Bibel!«

»Euer Business-Jargon ist so emotional wie Mr. Spock.«

»Der Marketingplan ist optimistischer als Biene Maja.«

»Unser Geschäftsambiente war so friedlich, da wird selbst der Terminator zum Pazifisten.«

»Wenn die Politik so weitermacht, müssen wir bald unsere eigene Partei gründen.«

Lerne von den Engländern

Ein sonniger Septembermorgen im Schlosshotel Kronberg im Taunus. Eine Veranstaltung der Abteilung Transactions & Restructuring mit der Führungsmannschaft, den 73 Partnern und Managern einer Beraterfirma in Deutschland. Ich war damals schon nicht mehr an Bord, durfte die Veranstaltung aber als externer Kommunikationsberater und Redner begleiten.

Elf Uhr morgens. Der Hauptredner betritt die Bühne … mit einer Kaffeetasse. Ich dachte: »Ein visuelles Hilfsmittel? Der ist entweder Toastmaster oder er hat einen Coach!« Es handelte sich um den Europachef der Abteilung, einen angenehmen, ruhigen, smarten Engländer aus London.

Spannung im Publikum. Dann sein erster Satz: »Heute morgen habe ich diese Tasse Kaffee überlebt, obwohl es … englischer Kaffee war!« 73 Führungskräfte lachen. Nur fünf Sekunden und das Eis war gebrochen.

Ich sage immer: »Lernt von den Engländern!« Engländer machen sich über alles lustig: ihren Kaffee, ihr Essen, ihr Wetter, »Mind the gap!«, das Anstellen an der Bushaltestelle. Engländer lachen über sich selbst, und das macht sie sympathisch. Selbstironie ist das Gegenteil von Arroganz.

Oktober 1999. Ich sitze zitternd auf einer Toilette in Bonn. Ein Bewerber-Workshop. Ich habe Lampenfieber, weil ich gleich vor 25 Leuten meinen Namen sagen muss, dass ich in Bamberg Betriebswirtschaftslehre mit Schwerpunkt Marketing studiere und hier bin, um meinen zukünftigen Arbeitgeber zu finden.

Januar 2016. Ich bin eine Rampensau beim Karnevalsverein Weidach, meinem Heimatclub in Oberfranken. Meine ersten Zeilen:

»Da hilft kei' Jammern, da hilft kei' Schrei'n,
da hilft kei' Bier und da hilft kei' Wein,
da hilft kei' Spott und net ma Hohn:
ich bin von den Sozi-Mücks der Sohn!«

Okay, wir reden hier von einer Karnevalsbütt. Trotzdem ist es für mich als Redner heute extrem wichtig, das Eis so bald wie möglich zu brechen – mit Selbstironie. Bei meinen Vortragsreden bei Unternehmensveranstaltungen kennen mich die Leute nicht. Selbstvertrauen wird sehr gerne mit Arroganz gleichgesetzt. Selbstironie ist ein wunderbarer Eisbrecher: »Du sollst Gott für alles danken, auch für einen Oberfranken!« Lacher.

Der Fall des Alphatiers

Wer fällt bei deutschen Stand-up-Comedians am tiefsten? Die Bundeskanzlerin. Wer fällt bei den Briten am tiefsten? Der Prime Minister. Wer fällt bei den US-Amerikanern am tiefsten? The President.

In jedem Publikum gibt es *das* Alphatier – die wichtigste Person im Raum. Es könnte die Bürgermeisterin der Stadt sein, in der du sprichst. Oder der Vorstandsvorsitzende des Unternehmens, in dem du beschäftigt bist. Oder dein Professor. Diese Person ist dein Zielobjekt als Vortragender. Diese Person muss fallen. Alles, was ich an Lachern erlebt habe – das ist der größte! Die Engländer hatten für dieses Muster kein Wort, deshalb haben sie ein deutsches übernommen: Schadenfreude. Über den Schaden anderer lachen, das muss eine deutsche Erfindung sein. Aber das Muster funktioniert.

Doch Vorsicht: Das Alphatier darf nicht auf Beton fallen, sondern muss sanft auf ein weiches Kissen plumpsen. Sonst bist du als Vortragsredner, als Angestellter oder als Student schnell Geschichte.

Ein Beispiel. Maite aus Barcelona war zum Zeitpunkt ihres Vortrags 29 Jahre alt. Sie war Trainingsleiterin in einem Internetunternehmen. Die Firma lief damals gut. Beim Jahresmeeting saßen 218 Leute im Publikum. Ihr Thema: Das Trainingsprogramm im kommenden Jahr. Ihre Chefin war Maria, Personalleiterin, damals 55 Jahre alt und der Dinosaurier in einem jungen Unternehmen. Maite tritt auf die Bühne. Hinter ihr an der Wand zu sehen ist Abraham Lincoln auf sechs mal vier Metern. Maites erster Satz: »Abraham Lincoln wurde im Jahr 1809 geboren. Das ist ungefähr das Jahr, in dem Maria geboren wurde.« Während sie auf Maria zeigt, fallen 217 Mitarbeiter vor Lachen vom Stuhl. Und Maria hat auch mitgelacht.

Zwei Wochen später traf ich Maria in ihrer Firma. Mit einem Grinsen von Ohr zu Ohr meinte sie: »Florian, du kannst dir nicht vorstellen, was Maite gemacht hat!« Warum hat es so gut funktioniert? Drei Gründe. Erstens, es war kein billiger Humor. Das Publikum konnte etwas lernen: 1809, Abe Lincoln. Zweitens, Maite hatte das Muster der Übertreibung mit eingebaut. Es war jedem im Publikum klar, dass Maria nicht im Jahr 1809 geboren wurde. Drittens, es war eben nicht Borja, der Baske, das schwarze Loch aus der IT-Abteilung, der mit keinem spricht. Es war Maria, Personalleiterin, Alphatier im Unternehmen.

Beim Fall des Alphatiers bewegen wir uns als Redner auf ganz dünnem Eis. Für mich ist die Versuchung dennoch zu groß, ich kann nicht anders. Lustig ist, dass ich in meinen eigenen Seminaren auch regelmäßig falle. Sobald die Teilnehmer das Prinzip einmal verstanden haben, bin ich das Zielobjekt. Dann erwidere ich immer: »Sag' ich doch!«

Der Bruch der Erwartung, Übertreibung, Selbstironie oder der Fall des Alphatiers – das sind die vier Humormuster, die ich in meinen Vorträgen am häufigsten anwende. Sei kreativ, such im Internet nach anderen Mustern. Klar ist, dein Publikum muss lachen. Lachen ist Emotion, und Emotion ist Erinnerung.

Schritt 13: Leidenschaft

Zahlen, Daten, Leidenschaft

»Das ist alles schön und gut mit dem Geschichtenerzählen und den Emotionen. Aber wie kann ich das alles in meinen technischen Präsentationen anwenden?« Sätze wie diese höre ich ständig in meinen Trainings. Fakt ist, bei reinen trockenen, technischen und zahlengetriebenen Präsentationen hört kein Mensch länger als gefühlte 90 Sekunden zu. Ich will nicht, dass du Logos durch Pathos ersetzt. Das geht nicht. Gerade im Business müssen wir oft harte Fakten präsentieren. Aber ich empfehle dir, dass du dein Logos in Pathos hüllst. Du sollst Pathos zu den Vorträgen hinzufügen, nicht Logos wegnehmen.

Einer der Faktoren, die auf der emotionalen Ebene überzeugend wirken, ist, wenn du brennst für dein Thema, wenn du Leidenschaft hast für dein Thema! Da kommt schon der nächste Einwand: »Aber wie soll ich meine trockenen Zahlen und Daten denn bitte mit Leidenschaft präsentieren?«

Du bist doch nun schon so weit vorgestoßen in die Welt des begeisternden Vortrags. Ahnst du, wie meine Antwort lautet? Ich erwidere: »Erstens, ohne Leidenschaft keine Präsentation. Zweitens, eines gibt es in der freien Rede nie wieder für dich – Entschuldigungen! Mit Kreativität kannst du in der Kommunikation alles erreichen, sogar Zahlen und Daten mit Leidenschaft!«

Die kreative Lösung für leidenschaftliche Trockenheit heißt: Ronaldinhos Brücke.

Ronaldinhos Brücke

Es war das Jahr 2004. Seit einem halben Jahr war ich als Expat für ein Beratungsunternehmen in Barcelona tätig. Unsere Personalabteilung schickte mich los zu den lokalen Business-Schools, um Imagepräsentationen zu halten. Standardisierte Powerpoint-Folien im standardisierten Unternehmensdesign. Nur Zahlen, nur Daten, nur Fakten, nur Langeweile! Ich dachte, das muss ich anders machen. Zumindest wollte ich an einer Stelle etwas Neues ausprobieren.

Jede Standard-Unternehmenspräsentation hat eine Folie, die heißt: Organisationsstruktur. Meine Präsentation hatte die auch. Darauf stand:

Organizational Structure
- 100 Partners
- 400 Manager
- 1500 Staff

Ist das nicht pure Leidenschaft? Ich überlegte mir, wer in meinem Publikum sitzen würde. MBA-Studenten, mehrheitlich männlich. »Fußball geht da immer!«, dachte ich. Gedacht, getan. Ich ersetzte die langweilige Zahlenfolie durch ein Bild von Ronaldinho, damals der absolute Star beim F. C. Barcelona. Ronaldinho beim Freistoß und in voller Leinwandgröße! Da änderte sich der Gesichtsausdruck des Publikums schon ohne Worte. Und dann sagte ich:

»Wisst Ihr, unser Unternehmen war schon immer so etwas wie eine Fußballmannschaft. Da sind welche, die werden kaum beachtet. Aber wenn sie gebraucht werden, dann erwartet jeder, dass sie für einen da sind. Das ist der Torwart, das ist unsere Verwaltung. Und dann haben wir die jungen Wilden in der Verteidigung. Sie müssen rackern und kämpfen, sie trainieren hart. Technisch noch nicht so begabt, ist ihr Gehaltsniveau noch relativ niedrig. Aber ein superwichtiger Bestandteil unseres Teams – die Verteidigung, unsere Staffis! Das Mittelfeld, unsere Manager, die Xavis und die Iniestas dieser Welt. Die müssen am meisten rennen. Sie müssen denen da hinten helfen, besser zu werden. Und nach vorne müssen sie Pässe spielen und bei wichtigen Projekten die Führung übernehmen. Und manchmal müssen sie auch selber ein Tor schießen und einen neuen Kunden gewinnen. Ihr Gehaltsniveau ist gut, aber rennen müssen die, rennen. Und dann sind da noch die Stürmer. 89 Minuten siehst du die nicht. Aber dann, im entscheidenden Moment, in der 89. Minute, schießen sie das entscheidende Tor und lösen das Problem – dank Instinkt, Erfahrung und Expertise. Unsere Partner, unsere Stürmer – der meiste Ruhm, das meiste Geld. Unser Unternehmen ist eine Fußballmannschaft!«

Ich habe lange Zeit selbst Vereinsfußball gespielt. Wenn ich von Fußball rede, rieche ich noch heute das frisch geschnittene Gras auf dem Platz vom TSV Scheuerfeld. Ich habe damals meine eigene Leidenschaft, Fußball, genommen und eine Analogiebrücke gebaut zwischen dem Thema Fußball und unserem Geschäft – Ronaldinhos Brücke! Auch du kannst solche Brücken bauen!

Deine Leidenschaft, deine Analogie

Meine Leidenschaft heißt Fußball, was ist deine Leidenschaft im Leben? Ich bin überzeugt, du kannst zwischen jeder persönlichen Leidenschaft und deinem Geschäft Analogiebrücken bauen.

Hinter jedem Hobby verbergen sich alte Bekannte aus der Welt des Business-Jargons:

- **Angeln:** Marktanalyse, Werbung (anfüttern), Geduld
- **Bergsteigen:** Risiko, Ziel, Team
- **Freunde:** Vertrauen, Verlässlichkeit, Kundenfokus
- **Golf:** Marktanalyse, Vision, Strategie, Taktik, Werkzeuge, Training
- **Kinder:** Wachstum, Motivation, lebenslanges Lernen
- **Klavier:** Multitasking, Training, Erfahrung
- **Kochen:** Vision, Geduld, Kreativität, Innovation
- **Marathon:** Durchhaltevermögen, Meilensteine, Vision, Strategie, Aktionsplan, Motivation
- **Radfahren:** Durchhaltevermögen, die »Extrameile«, Training, Technik, Werkzeuge
- **Schach:** Vision, Strategie, Planung, Erfahrung

Diese Liste ließe sich beliebig fortsetzen. Sobald du als passionierter Radfahrer während einer trockenen Präsentation sagst: »Dieses Projekt ist wie mit dem Rad den Mont Ventoux hochfahren«, werden deine Augen glänzen. Dein Vortrag wird automatisch leidenschaftlicher.

Ich werde nie vergessen, wie ein guter Kunde und Freund von mir, Jörg, seinen Akquiseprozess als Golfspiel präsentierte. Das war großes Kino und an Leidenschaft kaum zu überbieten. Und dabei ist Jörg Anwalt!

Vom Hobby zur Brücke

Analogiebrücken zwischen deinen Leidenschaften im Leben und deinem Geschäft kannst du strukturiert bauen. Für die Vorbereitung meiner Vorträge, zum Schreiben eines Buchs, aber auch generell für jede Form von Inhaltsgenerierung nutze ich den Prozess des Mind-Mapping.

Eine Mind-Map beschreibt »eine von Tony Buzan geprägte kognitive Technik, die man zum Beispiel zum Erschließen und visuellen Darstellen eines Themengebietes, zum Planen oder für Mitschriften nutzen kann. Hierbei soll das Prinzip der Assoziation helfen, Gedanken frei zu entfalten und die Fähigkeit des Gehirns zur Kategorienbildung zu nutzen«.[17]

Vom Hobby zum Vortrag – das geht ganz einfach! Du nimmst ein Blatt Papier und schreibst in die Mitte des Blatts deine Leidenschaft, zum Beispiel Kochen. Nun suchst du nach all den Dingen (in Form von Begriffen), die du zum Kochen brauchst. Als Nächstes schlägst du die Analogiebrücke von den Begriffen zu deinem Geschäft.

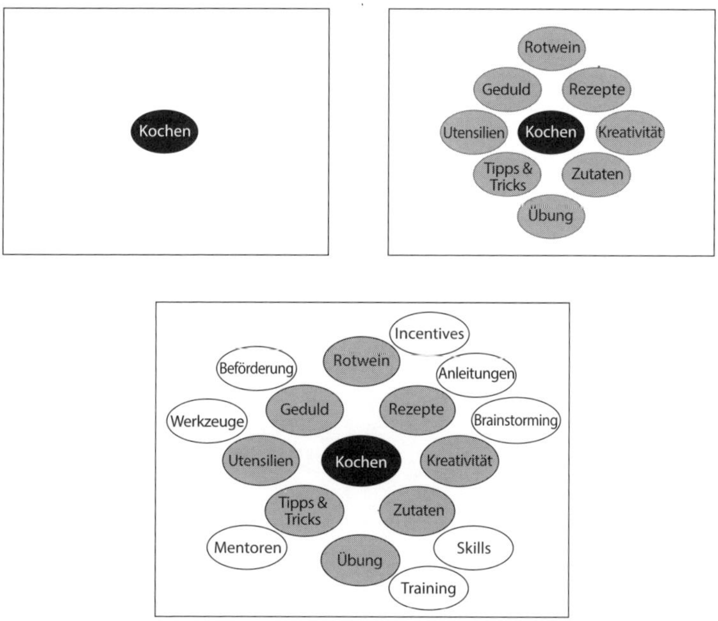

Darstellen eines Themengebietes durch das Prinzip der Assoziation

Es gibt in der freien Rede, bei Vorträgen, in der Kommunikation generell keine Entschuldigungen. Geht nicht gibt's nicht! Mit Kreativität kannst du alles bauen, sogar Brücken zu deinen eigenen Leidenschaften.

Leidenschaft ist intrinsisch, intern, die Liebe für ein Thema, das Feuer, das in dir brennt. Im vorletzten Schritt wirst du lernen, wie du dieses Feuer auf dein Publikum übertragen kannst.

Schritt 14: Enthusiasmus

Sei amerikanischer!

Im 19. Jahrhundert sagte der berühmte US-amerikanische Philosoph und Schriftsteller Ralph Waldo Emerson: »Nichts Großes wurde jemals ohne Enthusiasmus erreicht.«

Im *Duden* lesen wir, dass Enthusiasmus und sein Synonym, die Begeisterung, Folgendes bedeuten: leidenschaftliche Begeisterung, Schwärmerei, Zustand freudiger Erregung, leidenschaftlichen Eifers; von freudig erregter Zustimmung, leidenschaftlicher Anteilnahme getragener Tatendrang; Hochstimmung.

Dieses Buch trägt Begeisterung im Titel. Warum? Weil Emerson recht hat. Weil der *Duden* recht hat. Weil Langeweile nicht verkauft. Du kannst dein Publikum mit mittelmäßigem Inhalt und viel Enthusiasmus begeistern. Andersherum hast du keine Chance. Keine Chance ohne positives Funkensprühen!

Ich erinnere mich an eine globale Vorstandssitzung unseres Geschäftsbereichs. Ich war damals Vorstandsassistent. Anwesend waren mein Chef PW, wie ihn alle nannten und seine englischen, holländischen und französischen Kollegen. Der US-amerikanische Geschäftsbereichsleiter war krank und konnte nicht teilnehmen. Dafür kam sein 38-jähriger Stellvertreter. Er war die mit Abstand jüngste Führungskraft im Raum. Doch schon bei der Begrüßung war klar, wer die Musik machen würde, weil der Ton die Musik macht. »GOOD MORNING, EVERYONE!«

Er war laut, er war penetrant, aber er war vor allem eines: enthusiastisch! Am Ende des Meetings ging ein Großteil des Budgets in die USA. Die europäischen Kollegen standen zusammen und meinten unisono: »Also, ich weiß nicht, das war mir jetzt ein bisschen zu amerikanisch!«

Ist es nicht komisch, dass für uns Europäer immer alles zu amerikanisch ist, und trotzdem rennen wir in jeden Hollywood-Blockbuster, der nicht schnell genug auf dem Baum ist. Wir machen uns lustig über ihre Inhaltsleere und Oberflächlichkeit, und trotzdem gehen alle Budgets nach New York und alle Produktinnovationen nach San Francisco.

Wenn auf einer Konferenz acht Europäer reden und ein Amerikaner, kannst du die Uhr danach stellen, wer das Publikum am meisten begeistert. Amerikaner kommunizieren mit mehr leidenschaftlicher Begeisterung, Schwärmerei und Hochstimmung. Amerikaner kommunizieren mit mehr Enthusiasmus – das ist ihr Erfolgsgeheimnis für mich. Und deswegen sage ich, insbesondere bei Vorträgen vor Publikum: Sei amerikanischer!

Zwei Energiemotoren

Enthusiasmus ist gleich positive Energie. Deine Energie hat zwei Motoren: Stimme und Körper. Mit deiner Stimme und deinem Körper schleuderst du Energiewellen und Funken ins Publikum.

Jetzt ist der Moment gekommen, deine Stimme aus dem Käfig zu lassen. Denke nur an die singende, predigende, herausfordernde, faszinierende und Gänsehaut kreierende Rede »I have a dream« von Dr. Martin Luther King jr. Als er ins Mikrofon rief: »Let freedom ring«, fesselte seine enthusiastische Stimme das Publikum. Sie fesselte eine halbe Million Menschen am Lincoln Memorial. Sie fesselte die Welt.

In meinen Trainings rezitiere ich eine Passage aus der Rede: »I have a dream that my four little children will one day live in a nation where they will not be judged by the color of their skin, but by the content of their character.« Erst sage ich es mit einem Tonfall, der den Kabarettisten Rüdiger Hoffmann an Indifferenz noch überbietet. Danach imitiere ich den US-amerikanischen Bürgerrechtler und rezitiere die gleiche Passage mit Energie und Enthusiasmus in der Stimme. Die unterschiedliche Reaktion kann ich in den Augen der Seminarteilnehmer lesen. Nach einer kurzen Pause sage ich: »Ich weiß, dass keiner von euch von weißen, rassistischen Idioten verprügelt wurde als Kind. Und ich weiß auch, dass keiner von euch in mehr als 5.000 Kirchen in Mississippi, Alabama, Georgia, Florida, South Carolina, North Carolina, Virginia, West Virginia, Kentucky und Tennessee Reden gehalten hat. Aber keiner hier im Raum kann sagen, dass er oder sie nicht so sein kann wie Martin Luther King. Seid enthusiastischer auf der Bühne!«

Wenn du vor deinem Vorstand über die Ziele sprichst, die du mit deiner Abteilung erreichen willst, hebe jedes Mal die Stimme, wenn du sagst: »Wir *werden* …!«

Und dein Körper? Jetzt ist es an der Zeit zu übertreiben! Du kannst nahezu jeden Inhalt mit Körpersprache positiv aufladen.

Wenn du über das Tor sprichst, das du im kommenden Geschäftsjahr in einem neuen Markt schießen wirst, unterstreiche die Aussage mit einem Kick. Bevor du sagst, dass ihr euch mit eurem Unternehmen direkt an die Spitze des Marktes katapultieren werdet, zeige mit dem Finger an die Decke und sieh hinauf zur holografischen Spitze. Klatsche laut in die Hände und sag dann: »Wir stehen vor einem Kampf der Kulturen!«

Deine Stimme und dein Körper sind deine beiden Energiemotoren. Sie machen deine Begeisterung sichtbar, hörbar und fühlbar. Sie erwecken deine Begeisterung zum Leben. Schmeiß die Motoren an!

Der authentische Performer

Ich mache bei den meisten Redeübungen in meinen Seminaren mit. Danach überreiche ich den Flipchart-Marker an einen der Teilnehmer mit dem Kommentar: »Ich kann mich ja schlecht selbst evaluieren!«

Zur Plusseite, dem positiven Feedback, gesellen sich schnell die üblichen Verdächtigen: Stimmvariation, Körpersprache, Humor, Geschichten, Dialoge, Interaktion, Metaphern … Es folgt das konstruktive Feedback. Ich nenne es Plusplus. Erst lachen alle, aber nach und nach fangen sie an zu schießen. Das will ich und das wünsche ich mir. Ohne Plusplus geht es für uns nicht weiter auf dem Berg ohne Gipfel. Ein konstruktiver Kritikpunkt, der fast immer genannt wird, ist, ich könnte natürlicher sein. Manche wünschen sich weniger Performance und mehr Authentizität. Ich sage nichts, höre nur zu, nicke anerkennend und bedanke mich abschließend.

Von all dem Feedback, das ich als Redner im Laufe der Jahre erhalten habe, habe ich fast immer etwas übernommen. Dank dieses Feedbacks konnte ich an meinem Stil feilen, es hat mich auf dem Berg ohne Gipfel immer weiter nach oben gepusht. Nur beim Thema Authentizität gehe ich meinen eigenen Weg.

Wir müssen unterscheiden zwischen inhaltlicher Authentizität und Authentizität in der Darbietung der Inhalte. Mit Echtheit und Verletzlichkeit, mit Emotionen und persönlichen Geschichten wirst du inhaltlich immer authentisch sein. Die

Darbietung ist ein anderer Aspekt. Hier bin ich der festen Überzeugung, dass wir als Redner, als freie Redner vor Gruppen, immer auch Performer sein müssen. Und Performance, das stimmt, nagt an der Natürlichkeit.

Doch das nehme ich in Kauf! Weißt du, wie klein ich mich in Kuala Lumpur vor diesen 1.300 Menschen aus der ganzen Welt gefühlt habe? Sehr klein. In ihrer Wahrnehmung darf ich aber nie klein sein. Bühne heißt Showtime. Bühne heißt größere Gestik. Bühne heißt übertriebene Mimik. Bühne heißt Stimmvielfalt, Stimmvariation, Musikalität. Bühne heißt Energie. Bühne heißt Enthusiasmus.

Ohne Performance wirst du auf der Bühne zum Spreißel. Das Rampenlicht liebt Performance, es liebt den Performer, es liebt den authentischen Performer, es liebt den authentischen Performer angetrieben von zwei Energiemotoren und einem Schuss Amerika.

Schritt 15: Lächeln

Der glücklichste Mensch der Welt

Mein Vater, Reinhard Mück, wurde im Jahr 1927 geboren. Kein gutes Jahr, um als Deutscher geboren zu werden. Nach dem Krieg konnte er seinen Traum, Forstwirtschaft zu studieren, nicht verwirklichen. Das war schlimm für ihn, kannte er doch alle Schmetterlinge mit lateinischem Namen. Er kannte jeden Pilz und fischte Forellen mit den Händen. Aber es gab nur Jura – in Bamberg! Bald brach er sein Studium ab und wurde am Ende bodenständiger Hauptschullehrer. Das liebte er. Da konnte er mit den Schülern im Wald Steinpilze suchen, die ich nie gefunden hätte.

Trotz schwieriger Jugend, geplatzter Träume und Hauptschullehrer-Dasein in Oberfranken, eines war mein Vater fast immer: glücklich. Er war so glücklich, dass ich eines Tages genug hatte. Er saß gerade vor dem Fernseher und schaute die Vierschanzentournee, als ich zu ihm sagte: »Papa, jetzt musst du mir endlich mal erklären, warum du immer so glücklich bist!« In seinem alten, ausgeranzten Sessel drehte er sich zu mir und antwortete nach kurzem Überlegen: »Das ist einfach. Vor Kurzem gehe ich die Spitalgasse entlang, als ich von Weitem eine Gruppe von ehemaligen Schülern sehe. Ich hatte sie 30 Jahre lang nicht gesehen. Und das Erste auf ihrem Gesicht, als sie mich erkannten, war ein Lächeln. Das hat mich zum glücklichsten Menschen der Welt gemacht.«

Es brauchte nur ein einziges Lächeln, um meinen Vater zum glücklichsten Menschen der Welt zu machen. Dein Lächeln als

Redner ist der letzte, der wichtigste, der einfachste und zugleich der schwierigste der fünfzehn Schritte.

Land des verlorenen Lächelns

Dein Lächeln als Vortragender ist dein magisches Geschenk für dein Publikum. Es bedeutet für dein Publikum Vertrauen, Wärme, Positivismus. Es zeugt von Selbstvertrauen, Selbstsicherheit und Charisma. Dein Lächeln steckt an. Dein Lächeln ist alles, und ohne Lächeln bist du nichts auf der Bühne.

Wann lächelst du normalerweise? Du lächelst, wenn du einen Freund auf der Straße triffst. Du lächelst, wenn du deine dreijährige Tochter knuddelst. Du lächelst, wenn du etwas Komisches im Fernsehen siehst. Du lächelst, wenn du eine lustige Überschrift in der *Bild* liest. Und manchmal lächelst du sogar, wenn du deine Schwiegermutter siehst. Doch sobald du auf die Bühne trittst, verlierst du dein Lächeln wie Timm Thaler. Warum?

Ted.com ist eine der wichtigsten Plattformen für begeisternde Vorträge im Internet. Dort kannst du zahlreiche charismatische Redner erleben. Hast du jemals Tony Robbins, einen der erfolgreichsten Life-Coaches der Welt, ohne Lächeln gesehen? Hast du Rory Sutherland, den Werbeguru, ohne Lächeln erlebt? Hast du Benjamin Zander, den enthusiastischen Dirigenten der Boston Philharmonics, ohne ein dickes Grinsen im Gesicht gesehen? Nein, sie lächeln alle von Herzen, weil sie alle um die unsichtbare Kraft des Lächelns wissen.

Es ist an der Zeit, dein Lächeln wiederzufinden. Die Tage, an denen du mit ernstem oder gar verkniffenem Gesicht auf die Bühne getreten bist, sind gezählt.

Erster Eindruck, letzter Eindruck

In Schritt 3 hast du gelernt, dass du dir Zeit lassen sollst mit dem Reden. Erst wenn du dein Publikum in eine Decke des Schweigens gehüllt hast, beginnst du mit dem ersten Satz deines Vortrags. Nutze diese Zeit, um sympathisch zu wirken – mit einem herzlichen Lächeln. Werbeprofi Rory Sutherland bringt es auf den Punkt: »Alles dreht sich um die Wahrnehmung!«

Menschen erinnern sich am ehesten an die ersten Momente deines Vortrags sowie an die letzten. Wenn du die letzten Silben ins Mikrofon hauchst und dein jetzt informiertes, überzeugtes, motiviertes oder inspiriertes Publikum mit dem Regenrohr entlässt, schenke ihnen zum letzten Mal dein ganz spezielles Präsent – dein Lächeln. Lass dein Publikum nicht mit Wehmut zurück! Es gibt Ausnahmen wie Kriegserklärungen, Bekanntgaben von Katastrophen oder Ankündigungen von Stellenabbau, aber im Normalfall wird dein Ende positiv sein, und dein Lächeln passt dazu.

Positiver Inhalt, positives Gesicht

Auch wenn Menschen dazu neigen, auf positive Nachrichten weniger zu achten, kannst du dennoch versichert sein, dass sie negativ darauf reagieren, wenn du über die tollen Errungenschaften deiner Firma mit einem indifferenten, ernsten oder sogar traurigen Gesicht sprichst.

Denke an das Dreieck der Kohärenz aus Schritt 11. Verstärke deine positiven Aussagen mit einem gewinnenden Lächeln.

Am Ende verkaufst du immer auch …

Was macht aus einem guten Verkäufer einen großartigen Verkäufer? Vergiss das Produktwissen, das Ingenieur-Know-how, die Diplome, die Titel und Zertifikate. Ein großartiger Verkäufer ist eine sympathische Person, eine empathische Person, jemand, mit dem du ein Feierabendbier trinken gehen würdest. Mein Freund und Vertriebsspezialist Tony Anagor, ein Engländer in Barcelona, sagt: »Wir wollen nichts verkauft bekommen. Aber wir lieben es, etwas zu kaufen. Wir lieben es, etwas zu kaufen von Menschen, die wir mögen.« Das sind die Leute, mit denen du über die Bundesliga, die Familie oder sogar Scheidung und Krankheit redest. Dein Lächeln ist Sympathie. Oder hast du schon einmal einen großartigen Verkäufer gesehen, der kein breites Lächeln im Gesicht hatte?

Wenn du einen Vortrag hältst, verkaufst du eine Idee, eine Lösung, ein Unternehmen, eine Abteilung, ein Produkt oder einen Service. Was auch immer du verkaufst – am Ende verkaufst du immer auch dich selbst. Du bist ebenfalls einer von diesen großartigen Verkäufern. Lerne von ihnen! Lächle!

Und jetzt?

Herzlichen Glückwunsch, du hast einen – letzten Endes doch nicht ganz so einfachen – Weg hinter dir!

Du lächelst jetzt auf der Bühne wie mein Vater, du bist enthusiastisch wie Martin Luther King jr., du baust Analogiebrücken zu deinen eigenen Leidenschaften und du lässt dein Publikum absichtlich lachen mit vier Humormustern. Du verwendest deine Stimme wie im echten Leben, schickst Angelas Raute in die Wüste, schaust tief in die Seele und beißt auf Granitsteine. Du erzählst deine eigenen persönlichen Geschichten, die nicht auf

Wikipedia stehen, du leihst dir Ethos durch Zitate, du streust Goldtupfer in die graue Inhaltsmasse mit rhetorischen Mitteln ein und du baust ein Speech Structure Building mit Fundament, drei Säulen, Dach, Regenrohr und Übergängen. Du sicherst dir die uneingeschränkte Aufmerksamkeit deines Publikums mit deinem ersten Satz, wirkst emotional transparent und verletzlich und strahlst Selbstvertrauen aus.

Jetzt liegt es an dir selbst, auf dem Berg ohne Gipfel, der da freie Rede heißt, weiter nach oben zu klettern. Möglichkeiten dazu gibt es reichlich. Jeder Geburtstag ist eine Möglichkeit, jede Hochzeit, jede Weihnachtsfeier, jedes Abteilungsfest. Halte Vorträge, wo immer es geht, und bitte andere um positives Feedback (Was und warum war etwas gut?) und konstruktives Feedback (Was und wie hätte ich etwas besser machen können?). Gerade konstruktives Feedback brauchen wir, um auf dem Berg ohne Gipfel weiterzukommen.

Was ich all meinen Seminarteilnehmern wärmstens ans Herz lege, ist, einem Toastmasters Club beizutreten. Es gibt für mich keine bessere Plattform für persönliches Wachstum. Und, wer weiß, vielleicht sehen wir uns sogar mal in einem meiner Seminare. Es wäre mir eine große Freude und Ehre. ¡Hasta la vista!

Im zweiten Teil geht es nun um die 50 Dos und Don’ts für noch begeisterndere Vorträge.

Teil 2:
50 Dos and Don'ts

Dos

Die acht wichtigsten Wörter

Erinnerst du dich an den eklig-salzigen Brühwürfel aus Schritt 4? Im Sinne der Rhetorik, der Kunst des Überzeugens, ist die Handlungsaufforderung am Ende deines Vortrags so wichtig, dass es ratsam ist, dir von Anfang an im Klaren darüber zu sein, was dein Publikum am Ende machen soll.

Ich persönlich folge einer Empfehlung meines Freundes und Kommunikationsexperten Conor Neill von der IESE Business School Barcelona. Er predigt in seinen Kursen die acht wichtigsten Wörter für einen Redner: »Nachdem Sie meinen Vortrag gehört haben, werden Sie ... !«

Was werden die Zuhörer tun nach meinem Vortrag? Mehr wissen? Das ist keine Handlung. Sich eine eigene Meinung bilden? Das ist keine Handlung. Nachdem sie meinen Vortrag gehört haben, werden sie Brühwürfel essen! Das ist eine Handlung.

»Nachdem Sie meinen Vortrag gehört haben, werden Sie ... « – komplettiere diesen Satz, noch bevor du mit dem Speech Structure Building anfängst. So kannst du die Handlungsaufforderung nie vergessen.

Na und?

Du kannst den besten Inhalt haben, die beste Darbietung, die besten Folien der Veranstaltung, den besten Sound, den besten Moderator, der dich ankündigt, als wärst du Aristoteles, und das freundlichste Publikum aller Zeiten. Wenn dein Vortrag für dein Publikum irrelevant ist, ist er wertloser als ein Foto mit Dieter Bohlen.

Die zwei wichtigsten Fragen für dich als Redner lauten:

- Was ist meine Botschaft?
- Warum ist sie relevant für mein Publikum?

Diese Fragen solltest du immer präsent haben. Die meisten Redner bauen ihre Präsentation zusammen, halten sie und hoffen, dass es irgendjemanden interessiert. Doch so funktioniert es nicht.

Du solltest im Vorfeld zunächst dein Publikum analysieren, über dessen Wünsche und Erwartungen nachdenken und deinen Vortragsinhalt an diese Bedürfnisse anpassen. Sieh die Dinge von seiner Perspektive aus. Fühle, was dein Publikum fühlt. Empathie ist eine Autobahn zur Relevanz.

Eine Möglichkeit, das »Na und?« wegzubekommen, ist die rhetorische Frage. Wenn ich zum Beispiel meine Vortragsrede über Feedback halte, frage ich immer relativ früh: »Gebt ihr Feedback im Unternehmen? Euren Kollegen? Chefs? Euren Teams? Ist Feedback wichtig für eure Leute?« Kollektives Kopfnicken. Ab jetzt kann ich über Feedback reden.

Rhetorische Frage oder nicht – es ist nie die Aufgabe des Publikums, deinen Vortrag als relevant einzustufen. Es immer deine Aufgabe, ihn für dein Publikum relevant zu machen.

Deine besten Freunde

Im Dezember 2009 wurde ich eingeladen, um in Göteborg auf der Jahrestagung des European Cultural Parliament mein früheres europäisches Projekt Thefestival.eu vorzustellen. Dort präsentierten tragende Kulturschaffende aus ganz Europa ihre Projekte. Das Format waren Kurzvorträge von fünf Minuten, knapp vierzig Vorträge in zwei Tagen.

Mein Slot war am ersten Tag, kurz vor dem Mittagessen. Bereits um halb acht Uhr morgens, eine Stunde vor Veranstaltungsbeginn, war ich bereits vor Ort. Auf jedem Event, auf dem ich spreche, unterhalte ich mich – aus gutem Grund, wie du gleich erfahren wirst – als Erstes mit den Technikern, meist bei einem Kaffee. Erik und Gustav hießen die beiden diesmal. Nach etwas Smalltalk über das vorweihnachtliche, kaltgemütliche Göteborg machten wir dann einen Soundcheck.

Die Universitätsaula im Stile eines Kinosaals füllte sich langsam mit den Teilnehmern. 8:35 Uhr, Beginn der Veranstaltung. Ein Redner nach dem anderen ging zur Bühne, immer nach dem gleichen Prozedere. Unschlüssig, wo sie sich auf der Bühne platzieren sollten, bekamen sie ein Headset von Erik, dem Techniker, verpasst. Danach folgte bei jedem der Teilnehmer der gleiche erste Satz. Mit dem rechten Zeigefinger klopften sie auf das Mikrofon vor ihrem Mund – *dock, dock, dock* – und sagten: »Can you hear me?« Mir drehte sich jedes Mal der Magen um.

Als ich zur Bühne schritt, wusste ich genau, wo ich mich hinzustellen hatte. Ich sendete ein kaum sichtbares Nicken nach oben in die hinterste Reihe des Saals, wo Gustav, der zweite Techniker, zwei Daumen in die Höhe riss. Nach einer Pause lancierte ich meinen ersten Satz: »Greek dance, Tour de France, Appenzeller, football fans, …«

Gute Vorbereitung ist Trumpf! Wenn du in Zukunft auf Veranstaltungen mit professioneller Technik Vorträge hältst, sei früh vor Ort und stell sicher, dass die Techniker deine besten Freunde werden.

Die Linie der Nähe

Meine Mutter war über 40 Jahre lang Grundschullehrerin. Ihre gesamte pädagogische Erfahrung umfasst 56 Jahre. Sie kennt sich also aus mit Erziehung.

Wir saßen im berühmten Schlenkerla in Bamberg, wo die Bedienungen fränkisch-burschikos sind und das Bier seit 1405 wie Schwarzwälder Schinken schmeckt. Als wir gerade unser tonnenschweres Mittagessen genossen, erzählte uns meine Mutter die Geschichte von den Zebras mit den Querstreifen.

Es war ihr persönliches psychologisches Experiment Ende der Fünfzigerjahre. Eine Klasse mit über 50 Schülern und Schülerinnen saß vor ihr. Sie malte sechs Zebras an die Tafel – fünf Zebras mit Längsstreifen, ein Zebra mit Querstreifen. Dann wandte sie sich an die Klasse und fragte: »Na Kinder, welches ist das böse Zebra?« Ohne nachzudenken und wie aus der Pistole geschossen schrien alle Kinder zusammen, während sie auf das Zebra mit den Querstreifen deuteten: »Das da, das da!« Das böse Zebra musste das sein, welches anders war als der Rest.

Die Herausforderung für dich als Redner ist: Du bist das Zebra mit den Querstreifen! Jeder Einzelne im Publikum hat Längstreifen. Sie alle bilden eine Einheit, du hingegen bist der Fremde, der Außenseiter, der, dem sie zu Beginn nicht trauen. Deshalb ist es so wichtig, eine Brücke des Vertrauens zu deinem Publikum zu bauen. Ich habe gelernt, dass eine dieser Brücken die »Linie der Nähe« ist.

Wenn du zu weit weg von der ersten Reihe stehst, bist du eine verwundete Gazelle in der Serengeti. Du sendest dem Unterbewusstsein deiner Zuschauer eine Botschaft der Angst – ein absoluter Ethoskiller! Wenn du zu nahe an deinem Publikum stehst, bedrängst du es, das mögen viele ebenfalls nicht.

Die Linie der Nähe ist die geringstmögliche Distanz zum Publikum, ohne es zu bedrängen. Bevor du auf die Bühne trittst oder dich vor dein Publikum in einem Hörsaal oder in einem Besprechungszimmer stellst, such mental nach dieser Linie der Nähe. Jeder Raum ist anders, bereite dich daher vor und vertraue deinem Gefühl. Wenn du dich an dieser Linie der Nähe während deines Vortrags horizontal entlangbewegst, wird dich dein Publikum zwar immer noch als Zebra mit Querstreifen ansehen. Aber es wird dir mehr Vertrauen entgegenbringen und dich positiver wahrnehmen – ohne zu wissen, warum.

Gedankenschrauben

Ein denkendes Publikum ist ein gutes Publikum. Wenn du es zum Denken anregst, sind sie voll und ganz mit deinem Vortrag verbunden. Ich habe drei Wege entdeckt, mich in die Gedanken des Publikums zu schrauben. Diese drei Gedankenschrauben heißen Denken, Erinnern und Vorstellen.

Hier sind drei Beispiele pro Gedankenschraube. Während du sie gleich liest, folge deinen eigenen Gedanken!

- »Denken Sie an das letzte Mal, als Sie so richtig glücklich waren.«
- »Denken Sie an einen verregneten Tag in der Kindheit.«
- »Denken Sie an Ihre Unternehmensstrategie.«
- »Erinnern Sie sich an Ihren ersten Kuss.«

- »Erinnern Sie sich an die schwersten Stunden in Ihrem Leben.«
- »Erinnern Sie sich an die Geburt Ihrer Kinder.«
- »Stellen Sie sich ein fliegendes Auto vor.«
- »Stellen Sie sich eine Welt ohne Coca-Cola vor.«
- »Stellen Sie sich Ihr Unternehmen als ein Tier vor.«

Sobald das Gehirn durch eine der drei Gedankenschrauben aktiviert ist, müssen wir darüber nachdenken. Ein Halbsatz, und das Publikum ist wieder voll und ganz bei dir, dem Redner.

Prozentifizierung

Der 20. Mai 2015, ein regnerischer Tag in Paris. Powerpoint-Präsentationen bei einem internationalen Joghurt-Hersteller. Kenza, eine brillante und hochintelligente junge Dame aus Marokko, präsentiert einige Statistiken. Sie hat in der Vergangenheit Schauspielunterricht genommen. Ihre Körpersprache, ihr Blickkontakt und ihre Stimmvariation sind exzellent. Doch dann macht sie etwas, was ich noch nie gesehen oder gehört habe. Sie deutet nacheinander auf uns und sagt: »Du Stephanie, du Marthe und du Claudia, ihr repräsentiert 62 Prozent des Markts. Und du William, du Chen-Ta und du Florian, ihr repräsentiert 38 Prozent des Markts.

Wie interaktiv, wie integrativ, wie innovativ! Kenza ließ uns Teil einer Statistik werden. Durch uns hauchte sie Leben in trockene Zahlen ein. Ich nenne dieses neue rhetorische Muster »Prozentifizierung«, in Anlehnung an das rhetorische Mittel der Personifizierung (siehe Schritt 5). Durch Prozentifizierung wird das Publikum Teil einer Statistik. Zahlen erfahren mehr Bedeutung und sie werden relevanter für das Publikum. Zumindest ist es das, was ich fühlte, als Kenza mich zum Teil der 38 Prozent werden ließ.

Du könntest in deinem Vortrag fragen: »Wer von Ihnen hier im Saal ist Raucher? Sie sind X Prozent der erwachsenen Bevölkerung in diesem Land.«

»Wer von euch wurde in den Neunzigerjahren geboren? 80 Prozent von euch werden statistisch in drei Jahrhunderten leben.«

Ein kleiner roter Wasserpegel

Sein Name ist Fared, er ist Marokkaner wie Kenza. Als ich ihn zum ersten Mal im Rahmen eines Trainings traf, war er 48 Jahre alt. Vier Jahrzehnte hatte er schon in Deutschland gelebt. Fared ist ein sympathischer, netter Herr. Er kämmt sich sein gewachstes, angegrautes Haar zurück wie Robert De Niro. Er hat eine Radiostimme – und jeder in der Straelener Zentrale von Bofrost liebt ihn.

Aber all das macht Fared nicht so besonders für mich. Was ihn so besonders macht, ist eine Rede, die er zum Thema »Wie motiviere ich meine Kollegen?« gehalten hat. Dies ist eines der Redethemen in meinen Charisma-Seminaren. Von all den Reden, die ich zu diesem Thema seit 2009 gehört habe, konnte ich mir nur eine Sache merken – und zwar einen Punkt von Fared. Warum?

Spezifisch schlägt generisch. Viel zu oft reden wir generisch und generell: die Zahlen, die Kunden, die Familie, die Freunde, die Städte, die Innovation, die Qualität. Aber all das ist generischer Inhalt. Bleibt es in unserem Gedächtnis haften? In der Regel nicht. Wir müssen spezifischer sein und spezifische Beispiele geben. Und genau das tat Fared in seiner Rede.

Er fing an wie andere. Sein erstes Argument war die öffentliche Anerkennung guter Arbeit. »Das motiviert unsere Kollegen!« Sein zweiter Ansatz für mehr Motivation der Kollegen war: »Wir müssen ein Wir-Gefühl schaffen in unserer Abteilung. Das motiviert!« Aber dann kann sein dritter Punkt, und der machte den ganz großen Unterschied.

Fared sagte: »Wisst ihr, manchmal sind es die kleinen Dinge, die mich am meisten motivieren. In meinem Büro neben meinem Tisch steht ein Blumentopf. Und in dem Blumentopf steckt ein kleiner roter Wasserpegel. Der zeigt mir den Wasserstand in meinem Blumentopf an. Vor einigen Wochen bin ich wie jeden Montag in mein Büro gekommen, habe meine Tasche auf dem Tisch abgestellt und bin weiter zum Spülbecken, um mir Wasser für meine Blumen zu holen. Dann bin ich zu meinem Blumentopf rübergegangen. Aber gerade als ich meine Blumen gießen wollte, sah ich, dass der kleine rote Wasserpegel ganz oben anschlug. Das bedeutete, dass Heiko, mein Kollege, meine Blumen gegossen hatte. *Das* hat mich motiviert!«

Seit Jahren krieg ich diesen verdammten kleinen roten Wasserpegel nicht aus meiner Birne. Er verfolgt mich! Deine Vorträge brauchen mehr kleine rote Wasserpegel. Spezifisch schlägt generisch – jeden Tag!

Klangbisse

Klangbisse, auf Englisch *soundbites*, sind ein weiterer Kanal, der direkt ins Langzeitgedächtnis deines Publikums führt.

Einmal hatte ich die Ehre, 73 Führungskräfte von Microsoft Spanien eine Stunde lang in Powerpoint coachen zu dürfen. Es war eine Inhouse-Veranstaltung an der IESE Business School in ihrem Campus in Madrid. Als Hauptredner hatten sie den globalen Marketingleiter aus London einfliegen lassen. Er hielt einen begeisternden Vortrag über Public Speaking. Ein Punkt ist bei mir bis heute hängengeblieben. An einer Stelle sagte er: »Eure Präsentationen brauchen mehr Klangbisse!« Ein Klangbiss beißt sich im Langzeitgedächtnis des Publikums fest. Ein Klangbiss ist ein Inhaltsfragment, das aus der grauen Masse sticht. Er fuhr fort: »Früher bei Motorola habe ich bei Vorträgen immer gesagt: ›Wir sind die Punk Rocker der Handys!‹«

Seit diesem Tag kann ich die Punk Rocker der Handys nicht vergessen. Klangbisse funktionieren sehr gut mit Metaphern und Vergleichen. Hier sind vier Beispiele von Seminarteilnehmern:

- »In meinem Elternhaus fühlte ich mich wie ein Gefangener.«
- »Ich bin ein Problemfetischist.«
- »Ich war der Prototyp eines Strebers.«
- »Ich bin ein ungezügelter Idealist.«

Verwende mehr Klangbisse in deinen Vorträgen. Klangbisse heilen nicht.

Unrund ist »richtiger«

Welche der beiden alternativen Aussagen klingt glaubhafter?

- »Letztes Jahr konnten wir Umsätze von 200 Millionen Euro mit unserer Gaming-Sparte generieren.«
- »Letztes Jahr konnten wir Umsätze von 198 Millionen Euro mit unserer Gaming-Sparte generieren.«

Fühlen sich runde Zahlen nicht irgendwie komisch an? 200 Millionen klingt doch auf- oder abgerundet. Unrunde, korrekte Zahlen sind weniger anzweifelbar und machen auch mehr Eindruck. Stell dir vor, du sprichst auf einer Pressekonferenz und gibst als Vorstand die Quartalszahlen bekannt. »Heute morgen um neun Uhr waren bei uns 10.536 Mitarbeiter fest angestellt.« Als Redner solltest du immer die aktuellsten Zahlen in den Vortrag einbauen. Das ist Logos vom Allerfeinsten!

Stakkato

Im Alter von zehn Jahren habe ich angefangen, Klarinette zu spielen. Seitdem kenne ich Stakkato, eine musikalische Artikulationsvorschrift.[18] Bei der Klarinette stoße ich das Bambusblatt am Mundstück wiederholt nur kurz an und unterbreche die Luftzufuhr. Als Folge klingen die Töne abgehackt.

Eine ähnliche Technik verwende ich bei Vorträgen. Sie lehnt sich an das rhetorische Mittel der Enumeration, der Aufzählung, an: »Nachdem ich meinem Chef PW mitgeteilt hatte, dass meine zukünftige Reise nach Spanien führen würde, ging der Ärger los: Vertragsänderung, Kündigung der Mietswohnung, Renovierung, Umzug, mehr Ärger, Abschied, Fahrt nach Barcelona, Stau, 24 Stunden, Barcelona, neue Kollegen, neuer Vertrag, noch mehr Ärger, Strand, geschafft.«

Mit Stakkato kannst du als Redner viel Inhalt in wenige Worte packen. Das Publikum füllt die Imaginationslöcher selbst aus, jeder für sich. Achtung: Stakkato funktioniert sehr gut als Inhaltsfragment, aber nicht über die ganze Länge des Vortrags!

Selbstgespräche

Der innere Monolog oder das Selbstgespräch ist eine Spezialform des Dialogs.

- »Ich fragte mich: ›Soll ich das wirklich machen?‹«

- »Eine Frage beschäftigte mich lange: ›Was werden meine Familie und Freunde denken, wenn ich meinen sicheren Arbeitsplatz wegwerfe und in die Unsicherheit springe?‹«
- »Ich dachte mir: ›Das kann aber noch nicht alles gewesen sein?!‹«

Selbstgespräche, innere Monologe, schaffen Verbindung mit dem Publikum. Der Grund ist einfach: Wir alle haben Ängste, Zweifel, Wünsche, Träume, Sehnsüchte, unbeantwortete Fragen. Wenn du als Vortragender genau solche Themen mit Selbstgesprächen adressierst, kann sich dein Publikum damit identifizieren.

Teuer heißt exklusiv

Jedes Wort zählt in einem Vortrag, der begeistern soll, und negative Wörter können gegen dich arbeiten. Im Alltag verwenden wir ständig Redewendungen, ohne uns Gedanken über deren Wirkung im Unterbewusstsein anderer zu machen. Denk immer an Thomas Roses 50 Kilometer! Deshalb verwenden wir Euphemismen, beschönigende Ausdrücke.

In Vorträgen höre ich oft Sätze wie: »Wir sind eine kleine Agentur.« Was bedeutet »klein« in diesem Zusammenhang für einen Großteil des Publikums?[19] Klein kann bedeuten Abhängigkeit von wenigen Kunden, geringer Cashflow, Instabilität. Doch man kann das Wort klein problemlos durch andere Begriffe ersetzen, wie beispielsweise flexibel, agil, motiviert oder schlagkräftig. Alles besser als klein!

Jedes Wort zählt in einem Vortrag. Sag nicht billig, sag günstig. Sag nicht teuer, sag exklusiv. Sag nicht schlecht, sag verbesserungsfähig. Nenne es nicht Problem, sondern Herausforderung. Nenne es nicht Preis, sondern Wert.

Ein Euphemismus ist keine Lüge. Ein Euphemismus sagt etwas auf angenehmere, begehrenswertere Art. Verwende Euphemismen in deinen Vorträgen!

Ja mei

Christine ist eine waschechte Bayerin. Sie war im Jahr 2011 Rezeptionsleiterin in einem Vier-Sterne-Hotel in München. Im Rahmen von drei Trainings mit dem Managementteam des Hotels hatte ich das Vergnügen, dreimal mit Christine arbeiten zu können.

Ich erinnere mich an ihre allererste Rede. Sie war nervös, schüchtern und bekam kaum ein Wort über die Lippen – außer »Ähm«. Sie versuchte hochdeutsch zu sprechen, aber es war für alle im Raum klar, dass sie eine Maske trug. Das war nicht Christine!

Sechs Trainingstage später spricht Christine nur noch bayerisch. Sie ist heute eine sympathische, authentische Rampensau!

Dialekt ist Authentizität, und Authentizität ist der höchste Wert des Redners. Bei Christine hat das super gepasst. Das soll aber nicht heißen, dass wir alle unsere geschäftlichen Vorträge komplett auf Schwäbisch, Sächsisch oder, im allerschlimmsten Fall, auf Oberfränkisch halten sollen. Was ich damit sagen will: Dialekt ist als Fragment sympathisch und authentisch. Zwei bis drei Sätze oder eine typische Redewendung in Dialekt – das Publikum liebt dich dafür!

Yo soy alemán

Das Gleiche wie für Dialekte gilt für andere Sprachen, welche die Mehrheit des Publikums nicht spricht. Jedes Mal, wenn Nicht-Deutsche an meinen Trainings in Deutschland teilnehmen – Marokkaner wie Fared (der mit dem kleinen roten Wasserpegel), Schweden oder Israelis – empfehle ich ihnen in der ersten Evaluierungsrunde: »Sag in der nächsten Rede etwas in deiner Muttersprache!« Es könnte der erste Satz sein oder ein überraschender Satz in der Mitte des Vortrags, am besten mit nachgeschobener Übersetzung – die große Mehrheit des Publikums honoriert so etwas.

Ein anderer Fall ist, wenn der Redner zum Beispiel sagt: »Danach bin ich nach Japan gezogen für fünf Jahre.« Und es kommt ... nichts. Fünf Jahre in Japan – und kein japanisches Wort kommt ihm über die Lippen? Nicht einmal ein klischeehaftes »Domo arigato«. Wahnsinn!

Authentizität und Monotoniebruch – Sprachenvielfalt würzt jeden Vortrag!

Sagt wer?

- »Ich bin immer pünktlich.«
- »Ich bin gut in dem, was ich tue.«
- »Ich bin der beste Verkäufer in unserem Unternehmen.«
- »Ich bin ein toller Vater!«
- »Ich war super in der Schule.«

Sich selbst zu feiern und über den grünen Klee zu loben ist ziemlich armselig. Trotzdem tun wir es ab und zu. Das ist ja auch kein Problem, solange wir mit Freunden an der Bar abhängen. Die haben sich schon daran gewöhnt. Doch in der freien Rede gilt mehr als irgendwo anders: Eigenlob stinkt!

Die gute Nachricht: Es gibt einen Trick. Du kannst dich auf der Bühne feiern, ohne arrogant oder überheblich zu wirken. Der Trick heißt sozialer Beweis, im Englischen *social proof*. Solange andere lobende Wort über dich finden, bist du fein raus.

- »Unsere Teamassistentin hat mir vor Kurzem gratuliert. Sie meinte, ich sei immer so pünktlich.«
- »Mein Chef meint, ich sei gut in dem, was ich tue.«
- »Ich bin der erfolgreichste Verkäufer in unserem Unternehmen – zumindest sagen das meine Kollegen!«
- »Mein Sohn Álvaro sagt, ich sei ein toller Vater!«
- »Laut meiner Lehrer war ich ein Top-Schüler.«

Reputation ist wichtig, weil es deine Ethossäule nach oben schraubt. Aber stell sicher, dass andere dich und deine Leistungen feiern.

Die Ausnahme

Fragen an dein Publikum haben zwei Vorteile. Zum einen sichert es die Aufmerksamkeit. Zum anderen bilden sie Empathiebrücken zum Publikum, weil du dich für seine Meinung interessierst.

Ich habe in Schritt 3 empfohlen, offene Fragen kategorisch zu vermeiden. Offene Fragen können kritisch werden, sobald Leute aus dem Publikum Antworten zurückwerfen. Es gibt aber eine Ausnahme. Sobald ich eine offene Frage an eine konkrete Person im Publikum richte, sind alle anderen automatisch ausgeschaltet: »Herr Schmittner, Sie haben mir heute morgen davon erzählt, dass Sie leidenschaftlicher Segler sind. Wo segeln Sie denn am liebsten?«

Dennoch sind offene Fragen für mich ein halbes Don't, weil ich nie hundertprozentig sicher sein kann, dass die Antwort meinem Vortrag hilft. Herr Schmittner könnte zum Beispiel antworten: »Ach, das war doch nur Spaß!« RIP, Redner.

Sagen Sie jetzt nichts

Einer meiner Lieblingssketche aller Zeiten ist »Die Nudel« von und mit Loriot. Hildegard will in diesem Klassiker etwas sagen, darf es aber nicht. Du als Redner darfst etwas sagen, sollst es aber nicht!

Das Thema Pause wurde bereits ausführlich behandelt. In meinen Seminaren sage ich es den Leuten auch viele Male, und dennoch tut sich lange nichts. Deshalb, hier zum letzten Mal und in Gedenken an den großen Vicco von Bülow: »Sagen Sie jetzt ... nichts!«

Noch zwei Monotoniebrecher

In Schritt 7 habe ich dir bereits ans Herz gelegt, mutig zu sein und auch einmal ein Gesangsfragment in deine Vorträge einzubauen. Aus Erfahrung weiß ich, dass alles, was mit der Monotonie des Vortrags bricht, von der großen Mehrheit des Publikums positiv gewertet wird. Singen ist eines, aber nicht alles.

Zwei weitere Monotoniebrecher sind Drama und Tanz. Auch hier gilt: Du sollst nicht deinen gesamten Investoren-Pitch als den Nussknacker von Tschaikowski inszenieren. Ich rede bei Monotoniebrechern immer von Fragmenten. Joseph Haydn komponierte im Jahr 1791 seine Sinfonie Nr. 94 in G-Dur. Warum ist gerade diese Sinfonie von Haydn so berühmt? Wegen des Paukenschlags, der an einer unerwarteten Stelle das gesamte Publikum bei der

Uraufführung aus den Stühlen riss. Der Paukenschlag ist einer der berühmtesten Monotoniebrecher der klassischen Musik.

Hau auch du mehr auf die Pauke, wenn du Vorträge hältst. Ein bisschen Schauspielen, ein bisschen Tango tanzen, ein bisschen Singen – deine Zuschauer werden es immer lieben. Und die fünf bis zehn Prozent der Gaußschen Kurve, die denken, du seist ein Vollidiot? Wen juckt's? Die hätten bestimmt auch gesagt, Joseph Haydn sei ein Verlierer!

Rede vor Folien

Das Artchimboldi in Barcelona ist einer meiner absoluten Lieblingstrainingsorte. Anna, die katalanische Eigentümerin, hat ein modernistisches Apartment liebevoll und über Jahre in ein Kleinod der Kreativität und des persönlichen Wachstums verwandelt. Maria von Chupa Chups, den Lollipop-Machern, hatte schon die Schiebetür mit den Milchglaseinlagen passiert, da drehte sie sich noch einmal um und meinte zu mir ganz im Stile von Colombo: »Florian, nur noch eine Sache … Vor dem Seminar habe ich immer viel Zeit verbracht mit dem Erstellen meiner Folien und habe dann dazu etwas gesagt. Jetzt ist es andersherum!«

Besser als Maria hätte ich es nicht auf den Punkt bringen können. Ab sofort, jedes Mal, wenn du einen Vortrag halten musst, vergiss den Computer. Setz dich mit einem Stück Papier hin, formuliere deine Botschaft, strukturiere deine Rede. Fülle die Blöcke mit Geschichten, mit Zahlen, Daten, Fakten, mit Zitaten, mit allem, was deine Botschaft unterstützt. Erst wenn dein Vortrag inhaltlich steht – vom ersten Satz bis zum Regenrohr –, ist der Moment gekommen, deinen Computer anzuschalten, Powerpoint zu öffnen und deine Folien zu basteln.

Erst die Rede, dann das Werkzeug Powerpoint!

Apronym und Akronym

Besonders gerne verwende ich Apronyme – Akronyme, die auf einem existierenden Wort basieren – auf meinen Folien oder am Flipchart. Im Schritt 10, Körpersprache, nutze ich das Wort MISS. Weißt du noch, wofür MISS steht? Metaphern, Illustration, Symbole, Signale. Apronyme helfen deinem Publikum, sich Inhalte besser zu merken.

Dasselbe gilt für Akronyme. Diese verwende ich auch oft, wie zum Beispiel in Schritt 7. Weißt du noch, wofür CSI steht? Challenge, Struggle, Introspection.

Neben der besseren Merkfähigkeit bieten Apronyme oder Akronyme einen weiteren Vorteil. Stell dir vor, ich halte eine Powerpoint-Präsentation und du sitzt im Publikum. (Siehst du, wie gut »Stell dir vor« funktioniert?) Ich sage: »Ich will nicht, dass ihr euch in Rage redet, aber es gibt vier Elemente, die euer Ethos, eure Glaubwürdigkeit steigern.« Ich klicke zur nächsten Folie. Du siehst vier Blöcke. In jedem Block steht ein Buchstabe – R, A, G und E. Ich fange mit dem R an, sage aber nicht, was die anderen drei Buchstaben bedeuten. Was passiert im Publikum? Spannung. Und für mich als Redner sind es meine reduzierten Notizen. Ich benötige nur einen Buchstaben, um mich an das Wort zu erinnern.

Falsche Formeln

Sagen wir es so: Physik, Chemie und Mathematik waren nicht meine besten Freunde in der Schule. Dafür war ich ganz gut in Deutsch, Latein und Englisch. Sprachen versus Naturwissenschaften. Dennoch sind Formeln ein guter Weg, um komplexe Zusammenhänge einfach darzustellen.

Ich verwende in meinen Powerpoint-Präsentationen häufig Formeln, besser gesagt falsche Formeln, denn ich verwende akronymische Formeln. Zu Beginn meines zweitägigen Basisseminars projiziere ich eine dieser falschen Formeln an die Wand:

K = S + B + W

Ich nenne sie die Kommunikationsformel. Kommunikation ist die Summe aus Selbstvertrauen plus Botschaft plus Wirkung. Formeln wie diese sind logisch, nachvollziehbar und verständlich.

Meine persönliche Lieblingsformel dieser Art ist die Trust-Equation, die Vertrauensformel von Maister, Green, Galford. Sie ist das Ergebnis langjähriger Studien über den Erfolgsfaktor Vertrauen in geschäftlichen Beziehungen:[20]

V = (G + V + I) / EI

Vertrauen ist gleich die Summe aus Glaubwürdigkeit, Verlässlichkeit und Intimität dividiert durch Eigeninteresse.

Übrigens, sobald falsche Formeln auf der Leinwand erscheinen, setzen sich die Stifte im Saal in Bewegung – in Richtung Papier. Falsche Formeln funktionieren.

KISS

Welches Unternehmen war im Jahr 2015 gemäß Marktkapitalisierung das erfolgreichste Unternehmen der Welt? Apple. Warst du mal in einem Apple Store? Wann hast du zum letzten Mal eine Apple-Verpackung in der Hand gehabt? Maximaler Minimalismus. Steve Jobs hat den Minimalismus bei Apple auf die Spitze getrieben. Das Ergebnis? Mehr Äpfel.

Meine zwei Inspirationsquellen sowohl für Redeinhalte als auch Powerpoint-Folien sind Leonardo da Vinci (»Einfachheit ist die ultimative Raffinesse.«) und Antoine de Saint-Exupéry (»Perfektion ist nicht dann erreicht, wenn es nichts mehr hinzuzufügen gibt, sondern wenn man nichts mehr weglassen kann.«)

Schneide jedes redundante oder überflüssige Wort aus deinem Vortrag. Schau dir deine Screen-Folien an und sei kritisch. Frage dich selbst: »Was auf dieser Folie ist absolut unverzichtbar?« Schmeiß den Rest raus! Du wirst merken, dass du für einen begeisternden Vortrag überhaupt keine Folien brauchst. Ich sagte mal in einem Training: »Aristoteles hatte auch kein Powerpoint!« Entgegnete einer der Teilnehmer: »Ja, aber der hatte einen Stock und hat Bilder im Sand gemalt!« – »Richtig«, meinte ich daraufhin. »Bilder!«

KISS – Keep it simple and smart – ist Gesetz für jeden Rhetoriker, der sein Publikum begeistern will!

Der Einseiter

Ich höre immer wieder eine Frage: »Und was ist mit Handouts?« Regel Nummer eins: Wenn Handouts, dann immer erst nach dem Vortrag verteilen. Die Frage, die sich mir allerdings dabei stellt: Wer will denn in einer papierlosen Gesellschaft noch Papier? Hand aufs Herz: Wie viele Handouts von Vorträgen von Dritten hast du bei dir zu Hause oder im Büro liegen? In der digitalen Welt empfehle ich zwei andere Kanäle.

Zum einen kannst du deine Handout-Folien (nicht die Screen-Folien, mit denen du deinen Vortrag hältst) auf einen mit deinem Logo gebrandeten USB-Stick speichern und verteilen. Noch besser: Stell eine transparente Schüssel mit den USB-Sticks in eine Ecke der Bühne. Nach dem Vortrag kann sich jeder einen Stick dort herausnehmen, dann hast du gleich eine Handlungsaufforderung für dein Dach des Vortrags.

Einen zweiten Kanal nutzen bereits viele Vortragsredner. Du zeigst den Link zu deinen Folien auf einer Folie und die Leute machen Fotos davon mit ihren Smartphones.

Jetzt haben sie deine Handout-Folien. Die Frage ist aber immer noch: Was machen sie damit? Menschen schmeißen Papier weg, Menschen löschen Dateien. Bei Produkten ist es schon schwieriger. Ich empfehle die Produktion eines »Einseiters«. Du stampfst die Essenz deines Vortrags grafisch auf eine Seite ein. Diese druckst du im Format DINA5 aus, gerne mit deinem Firmenlogo und Kontaktdaten auf der Rückseite. Anschließend laminierst du den Einseiter. Dadurch wird aus einem Stück Papier ein greifbares »Produkt«. Zudem ist ein Einseiter aufgrund deines intelligenten Aggregierens der Vortragsinhalte ein wertiges Produkt für den Empfänger.

So könnte ein Einseiter für meinen 15-Schritte-Vortrag aussehen:

Beispiel für einen Einseiter zum 15-Schritte-Vortrag

Don’ts

Er, sie, man

Manche Redner lieben es, von sich in der dritten Person Singular zu reden: »Auch ein Thomas Krüger macht Fehler im Leben.«

In den Redeevaluierungsrunden merke ich in solchen Fällen an, dass in der Geschichte nur Ludwig XIV. und Gaius Julius Cäsar in der dritten Person Singular von sich reden durften. Alle anderen Normalsterblichen sollten es tunlichst vermeiden. Es könnte, es kann, es wird als arrogant wahrgenommen. Auch ein Thomas Krüger macht Fehler? Wie soll das bitte anders wirken als arrogant. Viel besser ist doch: »Auch ich mache Fehler!«

Doch im Vergleich zur Überheblichkeit wiegt ein anderes Problem noch viel schwerer. Die dritte Person Singular ist unpersönlich.

Ich merke so oft, wie sich Redner, sobald es inhaltlich ungemütlich für sie wird, hinter einer schizoiden Wand der Distanz verstecken wollen. Aber: Umso persönlicher du bist, desto menschlicher bist du. Umso menschlicher du bist, desto echter und verletzlicher bist du. Umso echter und verletzlicher du bist, desto authentischer bist du. Umso authentischer du bist, desto besser verbindest du dich mit deinem Publikum. A oder B – entscheide selbst!

A: »Es war einmal ein kleines Mädchen, das von ihrer Stiefmutter gehasst wurde. Oft lag das kleine Mädchen weinend auf ihrem Bett und betete zu ihrer Mama.«

B: »Meine Kindheit war nicht leicht. Meine Stiefmutter hasste mich. Oft lag ich weinend auf meinem Bett und betete zu meiner Mama.«

A: »Da war dieser kleine Junge, der 30 Kilo zu viel wog.«

B: »Ich war fett. Und jeden Tag haben sie mich in der Schule gemobbt. Und dann musste ich nach Hause zu meiner Mutter und sie anlügen: ›Es war super in der Schule, Mutti.‹«

A: »Wenn man Angstattacken hat, stoppt der Verstand. Da denkt man nur noch: ›Wo ist das nächste Krankenhaus?‹«

B: »Ich werde diese Angstattacken nie vergessen. Mein Verstand stoppte. Ich dachte nur noch: ›Wo ist das nächste Krankenhaus?‹«

A: »Man kann sich das nicht vorstellen. Plötzlich sind alle Kunden weg!«

B: »Ich konnte mir das nicht vorstellen. Plötzlich waren alle meine Kunden weg.«

Er, sie und man – ersetze sie durch das inspirierende »Ich«.

Auch du bedeutet ich

Seit deiner Geburt hat dir die Gesellschaft – im Kindergarten, in der Schule, in der Universität – mit Worten das Wort »Ich« herausgeprügelt. Heute gebe ich es dir zurück. Neben dem unpersönlichen Er/Sie/Man schwenken Redner auch gerne zum unpersönlichen Du. Doch auch für das Du gilt: Nichts verbindet dich als Redner mehr mit deinem Publikum als die Ich-Narrative. A oder B – entscheide selbst!

A: »Und dann stehst du da und denkst, ›Was soll das alles?‹«

B: »Und dann stand ich da und dachte, ›Was soll das alles?‹«

A: »Wenn du nicht mehr weiterweißt, machst du Dinge, die du später bereust.«

B: »Ich wusste nicht mehr weiter. Ich habe Dinge getan, die ich heute bereue.«

Wie die Dame im Schach den Turm schlägt, so schlägt auch das inspirierende Ich das unpersönliche Du.

Mentale Sprünge

»Ich werde darauf auf Folie 18 zurückkommen.«

»Das Thema greife ich später noch einmal auf.«

Wenn du während deines Vortrags inhaltliche Querverweise einbaust, löst du bei deinem Publikum mentale Sprünge aus. Mentale Sprünge sind nicht gut, weil sie die Zuhörer ablenken. Sie können deinem argumentativen Fluss demnach schwerer folgen.

Bis du bei Folie 18 ankommst, weiß sowieso keiner mehr, dass du darauf zurückkommen wolltest. Lass solche Sprünge am besten weg.

Mentale Sprünge beeinträchtigen den logischen Fluss, vermeide sie! Halte dich lieber an die Struktur des Speech Structure Building.

1989

»1993 …«

»Im Oktober 2010 …«

»Im Sommer 1989 …«

Jedes Mal, wenn Redner Jahreszahlen in ihren Vorträgen nennen, fange ich sofort an nachzurechnen, was in diesem Jahr passierte und wo ich war. Jahreszahlen lösen einen sofortigen Reflexionsprozess im Publikum aus – sie können nichts dagegen tun. Genau wie mentale Sprünge bedeutet auch dieser Rechenprozess eine gedankliche Ablenkung für die Zuhörer. Was zu vermeiden ist!

Aber es gibt einen Trick. Du verpackst die Zeitangaben anders:

»Vor 23 Jahren …«

»Vor sechs Jahren im Oktober …«

»Im Sommer vor 27 Jahren …«

Wenn du Perioden anstelle von Jahreszahlen verwendest, macht dies für das Publikum einen zusätzlichen Rechenschritt nötig. Den unternimmt aber kaum einer.

Bis auf ein konkretes Datum, zum Beispiel den 19. Juni 1927, empfehle ich Zeitpunkte in Perioden – Tage, Wochen, Monate, Jahre – umzuwandeln.

Die allgemeine Annahmenfalle

Joaquín, damals CFO bei einem mittelständischen Internetunternehmen aus Barcelona, stand als Vortragender vor uns, breitete seine Arme aus und mit lauter, fester Stimme verkündete er: »We all love shopping!«

Alle lieben Shopping? Ich dachte sofort: »Autsch, das Auto wird gegen die Wand fahren!« Und es kam, wie es kommen musste. Als wir in der Evaluierungsrunde zu den Verbesserungsmöglichkeiten kommen, hebt der grimmig-sympathische, bärtige CEO Emilio sofort den Arm. »Ich *hasse* Shopping!«

Das Gelächter war groß, doch Emilio hatte recht. Seit jenem Training in Barcelona achte ich speziell auf einen wenig beachteten und kaum sichtbaren Stolperstein für Redner: allgemeine Annahmen – für mich eine Riesenfalle! Seitdem ich darauf achte, fallen sie mir ständig und überall auf.

»Sie sind sicher auch der Meinung, dass …« – Nein.

»Sie alle wissen, dass …« – Nein.

»Wir alle kennen das Gefühl …« – Nein.

»Vielleicht waren Sie schon mal in …« – Nein.

»Wahrscheinlich denken Sie jetzt, dass …« – Nein.

»Ich weiß, was Sie jetzt denken …« – Nein.

»Wir alle lieben Erfolg!« – Hahaha!

Ständig glauben Redner zu wissen, was alle denken, fühlen, lieben, wissen, wollen. Stopp! Das ist eine allgemeine Annahme.

Und Mark Twain sagt: »Alle Verallgemeinerungen sind falsch, diese eingeschlossen.«

Die Lösung ist einfach. Drei rhetorische Pfade sind unkritisch für den Referenten.

1. Du kannst in der Ich-Form reden. Alle, die der Aussage zustimmen, können sich mit dir identifizieren: »Ich liebe Erfolg!«
2. Du kannst eine geschlossene Frage stellen. Alle, die der Aussage zustimmen, heben die Hand. Die anderen haben kein Problem damit: »Wer von Ihnen liebt Erfolg?«
3. Du kannst eine Teilmenge ansprechen, die der Aussage zustimmt: »Diejenigen von Ihnen, die Erfolg lieben …«

Was nicht geht, sind allgemeine Annahmen. Die sind immer falsch!

Dr. Jekyll und Mr. Hyde

Sie erzählte uns diese unglaubliche Geschichte. Sie war gerade einmal zwanzig und alleine. In Bangkok. Keine Familie, keine Freunde, niemand. Und nur noch 20 Dollar im Rucksack. Ihre Kreditkarte funktioniert nicht. Panik. »Was soll ich tun?« Ihr Vater beschwichtigt sie am Telefon, aber lange kann sie nicht mehr telefonieren.

Wir hingen an ihren Lippen wie das Publikum an Pavarottis hohem C. Auf dem Höhepunkt, dem Klimax, sagt sie: »Ja, mein Papa hat dann mit dem Sparkassendirektor bei uns im Ort gesprochen. Am Ende hat die Karte wieder funktioniert …« Langweilig!

Wir sind sensationslüstern. Wären wir das nicht, gäbe es keine *Bild*. Das musst du als Redner immer im Hinterkopf haben. Tiefenpsychologisch betrachtet sitzen auf jedem Stuhl in deinem Publikum ein Dr. Jekyll und ein Mr. Hyde. Die Dr. Jekylls wollen, dass der jungen Dame in Bangkok nichts passiert. Aber die Mr. Hydes wollen, dass sie weiter durch die Hölle geht!

Ich will nicht, dass du als Redner Mr. Hyde bist. Bedenke jedoch, dass du nicht immer alles – zumindest nicht sofort – auflösen musst. Die Teilnehmerin hätte in ihrer Geschichte verzweifelt am Geldautomaten stehen können und dann sagen: »Manchmal gibt es im Leben Situationen, die scheinen ausweglos.« Sie hätte einen Haken setzen und die Auflösung ganz am Schluss bringen können. Oder nicht. Ich persönlich liebe Vorträge, die Dinge offenlassen. Das sind dann auch immer sichere Nach-Vortrags-Gespräche (und potenzielle Business-Leads).

Passiv

»Ich wurde von einer Frau gebeten, herüberzukommen.«

»Dieser Auftrag wurde mir von meinem Kunden geschickt.«

»Mein Kollege wurde von unserem Chef befördert.«

Warum reden Menschen so oft im Passiv? Warum sagen sie nicht:

»Die Frau bat mich, herüberzukommen.«

»Mein Kunde hat mir diesen Auftrag geschickt.«

»Der Chef hat meinen Kollegen befördert.«

Sprich immer mit aktiver Stimme, nie mit passiver Stimme. Die passive Stimme ist unpersönlich, sogar entmenschlichend. Sie meidet Verantwortung. Die aktive Stimme ist involviert, dynamisch, engagiert und verantwortlich. Aktiv schlägt passiv!

Als Redner willst du Menschen zu Handlungen bewegen, nicht auf der Wartebank parken!

Agenda-Folie

Muss ich bei einer Präsentation mit Powerpoint am Anfang eine Agenda zeigen? Nein.

Ich bin fest davon überzeugt, dass in der Geschichte der Rhetorik mit all ihren möglichen Präsentationsvarianten – Höhlenwände, Felle, Sand, Papier, Overhead, Powerpoint, Prezi – noch kein einziges Publikum eine Agenda vermisst hat, die nicht da war.

Cha-Cha-Cha

In Schritt 10, Körpersprache, hast du gelernt, wie du dich auf der Bühne bewegen kannst und sollst: Horizontale Bühnenbewegung steigert die Aufmerksamkeit im Publikum.

Es gibt eine Form der Bühnenbewegung, die ist absolut tabu für begeisternde Redner: die vertikale Bühnenbewegung oder »Cha-Cha-Cha«, wie ich sie nenne. Ein Schritt vor, ein Schritt zurück, ein Schritt vor, ein Schritt zurück – nervöses Tänzeln auf der Bühne. Das sendet drei Botschaften an das Unterbewusstsein des Publikums: Nervosität, Nervosität und Nervosität. Cha-Cha-Cha ist Gift für dein Ethos.

Meine Empfehlung: Tanze Cha-Cha-Cha weiter auf lateinamerikanischen Partys – aber auf der Bühne tanze horizontal!

Nukleare Attacke

Generell gilt auf der Bühne: Hände aus den Taschen! Erinnerst du dich an Thomas Roses 50 Kilometer aus Schritt 10? Das Problem ist wie immer nicht der Zentimeter. Was sieht der Zentimeter der Zuhörer, wenn du deine Hand in die Hosentasche steckst? Indifferenz? Distanz? Coolness?

Kann sein, aber was sehen die 50 Kilometer? Mensch, Evolution, Überlebenskampf, Instinkte? Die Hand in der Hosentasche bedeutet ein Messer. Hände hinter dem Rücken bedeuten eine AK-47. Und wenn du deinem Publikum den Rücken zuwendest? Nukleare Attacke.

Keine Hände in Hosentaschen, keine Hände hinter dem Rücken, kein Rücken zum Publikum – 100 Prozent Transparenz – immer! Transparenz schafft Vertrauen.

Es juckt nicht

Hast du dich auch schon einmal in eine Lehrerin oder Lehrer verguckt? Ich fand meine Biologielehrerin Frau Schneyer überirdisch. Deshalb habe ich auch immer gut aufgepasst im Biologieunterricht. Ich erinnere mich noch vage an Hähne und Übersprungshandlungen. Wenn Hähne miteinander um die Hennen kämpfen, stoppen sie manchmal abrupt und fangen an, nach nicht vorhandenen Körnern zu picken.

Redner stehen unter ähnlichem Druck: Adrenalin, Aufregung, Lampenfieber, Versagensängste, Übersprunghandlung. Sie fangen an, sich zu kratzen. Sie kratzen sich an der Stirn, sie kratzen sich an der Wange, sie kratzen sich an der Nase, sie kratzen sich am Hals, sie kratzen sich am Nacken, sie kratzen sich an der Schulter, sie kratzen sich am Oberarm, sie kratzen sich am Unterarm, sie kratzen sich am Handgelenk – und manche kratzen sich sogar am Po.

Aber: Es juckt nicht! Hör auf dich zu kratzen! 50 Kilometer, Nervosität, Angst, Ethoskiller!

Aerobic-Pinguin

Dieser sportliche Kollege ruft immer einen der herzlichsten Lacher der Seminarteilnehmer hervor – der Aerobic-Pinguin.

Du kannst ihn auch treffen. Du musst dich nur vor einen Ganzkörperspiegel stellen. Beide Hände berühren die seitlichen Oberschenkel. Jetzt bewegst du deine Arme 45 Grad nach oben, die Ellenbogen bleiben dabei gestreckt. Jetzt lässt du beide Arme auf die Oberschenkel zurückfallen. Wiederhole das Ganze einige Male.

Ich präsentiere dir: den Aerobic-Pinguin!

Fast die Hälfte meiner Seminarteilnehmer sind Aerobic-Pinguine während ihrer ersten Reden. Der Aerobic-Pinguin übermittelt eine unterbewusste Botschaft der Indifferenz und/oder der Resignation. Beide nagen an deiner Autorität als Redner, sie lassen dein Ethos schmelzen. Du bewegst Menschen zum Handeln mit Überzeugung, mit Zielstrebigkeit, mit Energie. Mit Indifferenz und Resignation bewegst du niemanden und zu nichts!

Abgesehen davon macht der Aerobic-Pinguin immer auch einen störenden Laut, wenn er auf die Hosenbeine klatscht. Zwei gute Gründe, den Aerobic-Pinguin im Fitnessstudio zu lassen.

Flashmob

Eine Rede während eines Trainings in Köln. Martin, ein leidenschaftlicher Jungmanager bei einer der größten Hotelketten der Welt, erzählt die Geschichte von einem Roadtrip. An einer Stelle schaut er über die rechte Schulter und deutet mit dem linken Arm auf seinen Freund, der hinten rechts im Auto sitzt.

Das Problem: Die Bewegung war zu hastig, zu überstürzt. Es war wie bei einem Flashmob: schnell rein, schnell raus. Du verstärkst die Wirkung deiner Gestik, wenn du sie in Zeitlupe ablaufen lässt. Es ist wie bei einem Abendessen im Restaurant. Die Kerzen schnappen zum letzten Mal nach Luft, du willst die Rechnung bestellen, doch die Bedienung bemerkt dich nicht. Schüchtern hebst du deinen Arm – immer wieder hoch und runter, hoch und runter.

Ich war der schüchterne Armheber. Doch dank der freien Rede habe ich nicht nur meine Redekunst verbessert, sondern auch mein Selbstvertrauen. Wenn es das Niveau des Restaurants zulässt, hebe ich meinen Arm und lasse ihn oben wie in der Schule. Ich bin geduldig. Bis die Bedienung mich sieht. Am Ende bekomme ich meine Rechnung schneller, weil meine Gestik langsamer ist.

Sei kein Flashmob! Wenn du in einer Rede auf einen Freund hinten im Auto deutest, verharre einen Augenblick. Lass das Publikum den Freund visualisieren. Sei geduldig, so kann deine Gestik besser wirken.

Sitzen verboten

Wenn du in einer Talkshow im Fernsehen auf einem der Stühle sitzt, kannst du nicht aufstehen. Generell gilt aber für Redner: Sitzen verboten.

Ein guter Freund von mir, Jerzy Zientkowski, ist ein professioneller Redner und Trainer aus Polen. Er ist Teil unseres rhetorischen »Rat Packs« Spectacularspeaking.com. Bei einer unserer Veranstaltungen in Antwerpen machte ich mir gerade Notizen, als Jerzy plötzlich in seinem Workshop innehielt und meinte: »Könnt ihr bitte alle für einen Moment aufstehen?« Ohne nachzudenken, immer noch auf meine Notizen vor mir blickend, erhob ich mich wie alle anderen 37 Leute im Raum von meinem Stuhl. Ich stand noch nicht ganz aufrecht, als ich Jerzy sagen hörte: »Könnt ihr euch setzen?« In dem Moment dachte ich: »Du verfluchter ...« Ich blickte auf und sah ein fettes polnisches Grinsen in Jerzys Gesicht. Wir lachten alle, denn wir hatten Jerzys Botschaft verstanden. Wenn du als Redner vor einer Gruppe stehst, hast du – psychologisch bedingt – mehr Power. Sie blicken zu dir auf, du bist das Alphatier in dem Moment. Das bedeutet im Umkehrschluss: Wenn du sitzt und etwas präsentierst, hast du weniger psychologische Schlagkraft.

Und wenn du doch aufstehen könntest? Mein Freund Peter McKenzie aus England, im Jahr 2013 Führungskraft bei einer internationalen Bankengruppe in Spanien, durfte auf einer etablierten Bankenveranstaltung in Madrid an einer Diskussionsrunde teilnehmen. Peter und ich hatten oft darüber gesprochen. Auf dieser Veranstaltung wagte er den entscheidenden Schritt. Später erzählte er mir, dass es ein Panel mit fünf Experten war. Bevor die Diskussion richtig losging, durfte jeder der Teilnehmer fünf Minuten lang ein Statement abgeben. Alle sprachen im Sitzen ... außer Peter! Peter hatte vorher mit den Technikern Kaffee getrunken. Sie hatten ihm ein Handmikrofon gegeben. Das lag unter seinem Stuhl. Als er an der Reihe war, griff er sich das Mikrofon, stand auf, ging vor an den Rand der Bühne und gab sein Statement ab. Die anderen hatten in der späteren Diskussion keine Chance.

Die goldene Regel der Rhetorik ist: Es gibt keine.

In-die-Länge-Zieher

Kurze Sätze und Pausen – das ist das einfache Rezept für einen knackigen Vortrag. Denk noch einmal an die Schokoladenstreusel auf dem Zitroneneis! Neben deinen Füllklängen – »Ähm«, »Äh«, »Eh« – gibt es eine zweite Sorte von In-die-Länge-Ziehern. Das sind Füllwörter. Füllwörter in der freien Rede sind Konjunktionen. Konjunktionen sind in der Sprachwissenschaft Wörter, die »[Glied]sätze, Haupt- und Gliedsatz oder Satzglieder verbinden«.[21]

Die zwei meist verwendeten Bindewörter in meinen Trainings sind »und« und »so«. »Und«, gerne auch noch garniert mit einem »Ähm«, zieht deine Sätze in die Länge wie Kaugummi. Anstelle von endlosen Satzreihen sprich in einzelnen, kürzeren Sätzen.

»So« ist noch überflüssiger. Oft dem ersten Satz vorangestellt, reduziert es dessen Wirkung unnötig. »So ... Wer von euch ist glücklich im Leben?«

Auch ein Klassiker: der »So«-Übergang zwischen dem C-Block (siehe Speech Structure Building) und dem Dach, dem Schluss deines Vortrags: »So ... warum erzähle ich das alles?«

Schlussendlich sind das alles nur Schokoladenstreusel. Sie ziehen deinen Vortrag unnötig in die Länge. Vermeide sie!

Die Kicherkatastrophe

Michael aus Barcelona – groß, sonnengebräunte Haut, blaue Augen, dickes, braunes Haar, gut aussehend. Er hätte ein Surfer aus Malibu in einer Sonnencreme-Werbung sein können. Er ist die Sorte von Mensch, die den Mythos am Leben halten, Charisma sei angeboren. Doch dann kam seine erste Rede. Er sprach über sein Leben in drei Minuten. Sofort wussten alle im Raum, da läuft was schief mit seiner Rhetorik. Er kicherte die ganze Zeit: »Ich war kein guter Schüler – hihihi ... Oh, und ich habe auch eine Freundin – hihihi ... Ich lebe an der Küste nördlich von Barcelona – hihihi.«

Klar, du darfst auf der Bühne lachen. Du darfst dein Publikum zum Lachen bringen. Du darfst Witze erzählen. Aber eines darfst du unter gar keinen Umständen: kichern. Kichern bedeutet Nervosität. Kichern killt deine Autorität, dein Ethos als Redner. Es ist eine Kicherkatastrophe!

Nach vier Reden und vier Feedbackrunden hatte Michael sein Kichern endlich über Bord geworfen. Seine Autorität auf der Bühne passte endlich zu seinem Aussehen.

AK-47

Kennst du diese Redner, die ohne Punkt und Komma quatschen? Kein Doppelpunkt, kein Semikolon, kein Ausrufezeichen, überhaupt keine Interpunktion. Ein Wunder, dass diese Menschen beim Reden atmen können! Selbst als militanter Pazifist nenne ich solche Redner AK-47. Sie sprechen wie eine Avtomat-Kalashnikov 47: *Rattattattattat!*

Das effektivste »Wort« in der freien Rede ist meiner Meinung nach die Pause. Doch AK-47-Redner setzen keine einzige Pause. Sie rennen durch ihren Vortrag schneller als Usain Bolt. Ihr Publikum hat auch keine Zeit zu atmen. Eine AK-47-Rede ist wie ein nicht enden wollender Klimax.

Die Betonung bei Stimmvariation liegt auf »Variation«. Wenn du nur schnell sprichst und mit hoher Energie, wirst du unweigerlich auch in die Monotoniefalle treten.

Ich erinnere mich an eine Redeevaluierung in meinem Toastmasters-Club in Barcelona. Kim Page aus Dänemark, Stimmtrainerin von Beruf, evaluierte eine Rede von Melinda aus Curaçao. Es war Melindas sechstes Redeprojekt mit dem Ziel Stimmvariation. Melinda sprach über ihre Erfahrung mit einem Orkan auf Puerto Rico. Während ihrer gesamten Rede, fast sieben Minuten lang, schrie sie fast. In ihrer Evaluierung lobte Kim Melindas hohe Energie und Authentizität. Doch dann imitierte sie Melindas panische Stimme und meinte: »Melinda, dein hohes Tempo, dein hoher Pitch und hohes Volumen sind großartig. Aber wenn du die ganze Zeit so sprichst, wird es auch verdammt langweilig!«

Wir alle, inklusive Melinda, fielen vom Stuhl vor Lachen. Abgesehen davon, dass sich der AK-47-Redestil schnell abnutzt und langweilig wird, killt er auch jede Form von Dramatik und Spannung in deinem Vortrag. Alle Pausen sind tot. Deshalb, sei ein militanter Pazifist und gib deine AK-47 ab.

Bestätigungssucher

Wenn wir Bestätigung suchen, drücken wir Unsicherheit aus. Unsicherheit ist Gift für unser Ethos. Deshalb suchen wir als Redner nicht nach Bestätigung, wir bestätigen. In diesem Zusammenhang sind Appendizes ein Problem. A oder B – entscheide selbst!

A: »Wir hatten ein super Jahr mit unserer Abteilung, oder?«

B: »Wir hatten ein super Jahr mit unserer Abteilung!«

A: »Wir werden mehr ins Marketing investieren, O.K.?«

B: »Wir werden mehr ins Marketing investieren!«

A: »Wir sind eine tolle Truppe, stimmt's?«

B: »Wir sind eine tolle Truppe!«

Als ich zehn Jahre alt war, erlitt ich eine Blinddarmentzündung. Keine schöne Erfahrung. Aber heute bin ich meinen Appendix los. Entferne auch deinen aus deiner Rhetorik!

Kein Platz für Botschaftsreduzierer

Botschaftsreduzierer, auch genannt Weichmacher, durchsetzen unser gesprochenes Wort. Sie schmälern den Wert unserer Aussagen unnötig. Wenn du die folgenden Wörter vermeidest, gewinnen dein Inhalt und deine Argumentation deutlich an Schlagkraft: Ein bisschen, wenig, klein, nur, kurz, einfach, schnell, hoffentlich, wahrscheinlich, potenziell, möglicherweise, grundsätzlich, eigentlich, vielleicht, ziemlich, könnten, sollten, würden, denken, glauben, hoffen, vermuten, versuchen, wollen.

Hoffnung ist die Verlängerung des Versagens. Und wie sagt Yoda, Luke Skywalkers Mentor in Krieg der Sterne, so schön: »Do or do not – there is no try!«

Botschaftsbeschleuniger sind zum Beispiel Ausdrücke wie:

- »Ich bin überzeugt, dass …«
- »Wir haben gelernt, dass …«
- »Wir werden …«
- »Es ist wissenschaftlich erwiesen, dass …«
- »Es ist sicher, dass …«

In begeisternden Vorträgen ist kein Platz für Botschaftsreduzierer!

Zwei Dämonen

Einmal saß ich im Frühstücksraum eines Mercure-Hotels in München. Ich kaute gerade auf meinem hartgekochten Ei herum, als sich neben mir ein Herr niederließ. Ein Trainingsteilnehmer an jenem Tag. Höflich fragte ich ihn nach seinem Namen.

Er antwortete: »Stefan.«

Ich: »Stefan … mit F oder PH?«

Er: »Mit K!« Seinem sarkastischen Kommentar folgte ein lautes, übertriebenes, schadenfrohes Lachen.

Sarkasmus und Zynismus sind zwei Dämonen der freien Rede. Wie in Geschichten werden sie höchstwahrscheinlich gegen dich arbeiten, wenn du sie freilässt. Sarkasmus ist beißender Spott, Zynismus macht sich lächerlich über Moralvorstellungen und Normen. Beide sind negativ.

Begeisternde Vorträge und negative Rhetorik sind wie Feuer und Wasser. Sie gehören nicht zusammen. Deshalb: Vermeide Sarkasmus und Zynismus in deinen Vorträgen.

Wenigstens war ab dem Frühstücksei klar, wer später vor der Gruppe singen würde – Stefan mit K!

Landminen der Antipathie

- »Frauen können nicht Autofahren.«
- »Es sah aus wie bei Zigeunern.«
- »Alle Sozialisten sind korrupt.«
- »Religionen sind die Ursache allen Übels.«

Sexismus, Rassismus, Politik, Religion – alles klassische Landminen der Antipathie. Wenn du da hineintrittst, verlierst du auf einen Schlag einen Großteil des Publikums. Aber auch andere Aussagen, die du ohne bösen Absichten triffst, können dein Ethos als Vortragender schwer verletzen.

In einem Seminar in Berlin sprach ein Teilnehmer über sein Leben. Er erzählte, dass er nach der Schule eine wichtige Entscheidung treffen musste – Bundeswehr oder Zivildienst. Er entschied sich für Zivildienst. Bis dahin kein Problem. Das haben damals viele junge Männer gemacht. Dann nannte er aber den Grund für seine Entscheidung: »Ich wollte keine Menschen erschießen!«

In der Evaluierungsrunde fragte ich die anderen männlichen Teilnehmer: »War einer von euch beim Bund?« Drei Männer hoben die Hand. Ich fuhr fort: »Und hat es euch gefallen, als unser Kollege hier nicht zur Bundeswehr wollte, weil er keine Menschen erschießen wollte?« Alle drei schüttelten den Kopf und sagten gleichzeitig: »Nein!«

Du kannst einen brillanten, begeisternden 20-minütigen Vortrag halten – ein abwertender Kommentar gegen Raucher, und 30 bis 40 Prozent des Publikums sind verloren. Sei immer auf der Hut, was du sagst. Meide klassische Landminen der Antipathie wie Sexismus, Rassismus, Politik oder Religion. Aber sei auch vorsichtig mit polarisierenden persönlichen Ansichten. Sie können dich einen großen Teil des Publikums kosten.

Sch….!

Ich arbeite sehr viel für Internetunternehmen, besonders im Gaming-Sektor. Es sind meist jüngere Mitarbeiter, zwischen 20 und 30 Jahre alt. Die Umgangssprache ist dementsprechend. Das englische F-Wort ist allgegenwärtig, das deutsche Sch....! ebenfalls.

Jedes Mal, wenn Vulgärausdrücke wie diese in den Seminarreden hochkochen und überzuschäumen drohen, lautet meine konstruktive Empfehlung: »Lasst sie besser weg!« Als Antwort muss ich mir dann oft anhören: »Aber du hast gesagt, wir sollen die Sprache des Publikums sprechen. In unserer Branche sprechen die Leute eben so!«

Es stimmt. Die Sprache des Publikums zu sprechen, schafft Verbindung. Von Martin Luther King jr. bis Adolf Hitler – die Geschichte ist voller schöner und schrecklicher Beispiele. Vulgärausdrücke jedoch schaffen keine Verbindung. Vielmehr ziehen sie deinen Stil, deine Klasse, dein Ethos als Vorbild nach unten. Vergiss nie: Als Redner bist du immer Vorbild.

Das Lustige ist: Kein Mensch im Publikum vermisst diese Kraftausdrücke, wenn du sie weglässt. Niemand wird jemals zu dir kommen nach deinem Vortrag und sagen: »Hey, du hast nicht Sch.... gesagt!«

Das Unwort Nummer eins

Das Unwort Nummer eins für einen Redner ist jedoch kein Vulgärausdruck. Das Unwort Nummer eins für einen Redner ist auch kein »Ähm«. Das Unwort Nummer eins für einen Redner heißt: Entschuldigung.

Jede Entschuldigung, jedes Sorry ist ein tiefer Kratzer in deiner Ethossäule. Das Wort alleine … Ent-SCHULD-igung! Du hast nie Schuld als Redner. Oder besser, du hast nie Schuld als Redner aus Sicht des Publikums. Oder besser, selbst wenn du als

Redner Schuld hast, wirst du es das Publikum nicht wissen lassen. Hier sind drei klassische Fälle.

- **Fall 1:** Der Projektor funktioniert nicht. »Oh, vorhin hat er noch funktioniert. Ähm, sorry, also Entschuldigung, ist vielleicht jemand von der Technik da?« RIP, Redner.
- **Fall 2:** Du hast einen Blackout, du hast vergessen, was du als Nächstes sagen wolltest. »Ähm, jetzt habe ich den Faden verloren, Entschuldigung!« RIP, Redner.
- **Fall 3:** Dein Zeit-Slot ist zusammengeschrumpft aufgrund der überlangen Vorträge deiner Vorredner. »Oh, sorry, ich weiß, wir haben jetzt nicht mehr so viel Zeit. Ich werde versuchen, mich kürzer zu fassen.« RIP, Redner.

Was ist die Lösung für die drei Fälle?

- **Fall 1:** Sag nichts. Schau dich um, wo der Techniker ist. Nimm dir die Zeit, es gibt keine zu langen Pausen. Ultima Ratio: ohne Powerpoint reden. Aber: Niemals entschuldigen!
- **Fall 2:** Blackout-Management. Pause, nichts sagen, lächeln und hoffen, dass es zurückkommt. Es gibt keine zu langen Pausen! Es wird zurückkommen. Aber: Niemals entschuldigen!
- **Fall 3:** Nichts sagen, Inhalte spontan kürzen, Folien überspringen. Aber: Niemals entschuldigen!

Notizen sind wie Ohrenschützer

Die Verwendung von Notizen bei Vorträgen ist wie Ohrenschützer. Du kannst sie tragen, aber sie werden nie gut aussehen. Das ist eine Frage der Ästhetik, aber das ist nicht alles.

Der zweite von drei Gründen, niemals Notizen in den Händen zu halten, ist deine Gestik. Was ist mit MISS? Wie sollst du all die metaphorische, illustrative, symbolische oder signalisierende Gestik einsetzen? Mit Blättern in der Hand – keine Chance!

Der dritte und wichtigste Grund, der gegen die Ohrenschützer spricht, ist deine Reputation, deine Glaubwürdigkeit. Wie soll ich jemandem glauben, der ablesen muss, was er sagt? Welche Art von Experte ist das?

Auf der 2. Internationalen HR-Konferenz in Barcelona im Oktober 2015, organisiert von meiner guten Freundin und Power-Frau Sylvia Taudien, hielt eine Topmanagement-Beraterin aus den USA einen – eigentlich – begeisternden Vortrag. Sie verglich ihre Erfahrungen, die sie auf dem Jakobsweg in Nordspanien als Pilgerin gemacht hatte, mit Personalentscheidungen auf der Führungsebene. Nur eines störte: Sie trug Ohrenschützer. So kannst du nicht begeistern!

Notizen sehen nicht gut aus, Notizen machen deine Körpersprache kaputt, Notizen zerstören dein Ethos. Bei deinem nächsten Vortrag, lass die Ohrenschützer im Schrank.

Münzen, Schlüssel & Co.

Münzen in der Hosentasche, Schlüssel, die klimpern, Mehrfacharmreife, ausschweifende Ohrringe, oder auch Veranstaltungsausweise, die vor der Brust baumeln – das muss alles weg! Sie lenken ab, sie machen Lärm. Am schlimmsten ist, wenn Redner anfangen, mit den Münzen in ihren Hosentaschen zu spielen …

Bevor du auf die Bühne trittst, werde alles los, was Lärm macht und ablenkt.

Nie antworten

Alphatiere lauern überall. Sie sind laut, sie sind aufdringlich, sie wollen gehört werden. Alphatiere sitzen in jedem Publikum der Welt – auch in deinem. Doch eines muss klar sein: Du bist Chef im Ring, sobald du auf die Bühne trittst. Keiner im Saal darf dir die Führungsrolle streitig machen.

Und dann passiert es: Ein Zwischenruf aus er dritten Reihe! »Was soll ich jetzt machen?«, denkst du. Du entscheidest dich für die Antwort. Du willst ja nicht unhöflich sein … RIP, Redner.

Interaktion mit dem Publikum baut Brücken der Empathie, das ist richtig. Nur darfst du nie die Rolle des Baumeisters aus der Hand geben! Du musst immer die Kontrolle behalten. Fragen, Referenzen, Dialoge – solange du sie steuerst, sind die Brücken intakt. Sobald du aber auf Kommentare aus dem Publikum reagierst, fängt deine Brücke an zu bröckeln.

Was ich mache, wenn ein Alphatier anfängt zu knurren? Ich lächle freundlich in die Richtung des Zwischenrufs, nicke anerkennend und bewege mich zu einer anderen Position auf der Bühne. Dort fahre ich mit meinem Vortrag fort, als wäre nichts geschehen. Nicht antworten oder RIP – es ist deine Entscheidung.

Nicht wegrennen

Deine Augenlider sind noch zugeklebt. Du liegst im Krankenhaus als Neugeborenes. Was ist eine der ersten Ängste im Leben? Lärm. Was ist eine der ersten Ängste im Leben eines Erwachsenen? Freie Rede vor Publikum.

Jetzt kombinierst du deine beiden Ängste: Du stehst am Ende deines Vortrags vor einem klatschenden, applaudierenden,

Lärm machenden Publikum. Was machst du? Du rennst weg, wie es 99 Prozent aller meiner Seminarteilnehmer, aller TED-Redner, aller Universitätsprofessoren machen. Du folgst deinem Instinkt.

Das Problem: Der Applaus deines Publikums ist dein Geschenk. Wenn du nicht stehenbleibst und das Geschenk annimmst, respektierst du dein Publikum nicht!

Ich weiß, es tut weh. Ich weiß, es ist ein Instinkt. Aber mache es zu deiner Regel: Drei Sekunden stehenbleiben nach dem Regenrohr-Satz. Dann ein kurzes Nicken und Abgang. *Das* ist Poise und Ethos vom Anfang bis zum Ende. Das ist begeisternd!

Noch Fragen?

Der Klassiker. Du hast einen begeisternden Vortrag hingelegt. Dein Publikum hat glänzende Augen. Mit Logos, Ethos und Pathos hast du sie überzeugt und zur Handlung bewegt. Alles lief wie am Schnürchen. Inhalt, Darbietung, Folien – alles auf den Punkt. Und dann stellst die eine, die falsche, die falscheste aller Fragen: »Gibt es noch Fragen?«

Ich bin ein vehementer Gegner von Fragen-und-Antworten-Teilen, sogenannten Q&A-Sessions. Fragen und Antworten laufen fast immer gegen die Wand. Dafür gibt es gute Gründe. Zum einen ist es die Art von Fragen, die dein Publikum stellt – wenn es denn überhaupt Fragen sind.

- »Also, meine ist eigentlich gar keine Frage, mehr ein Kommentar …«
- »Ich habe zwei Fragen.«
- »Ich habe drei Fragen.«

Viel bedeutsamer ist jedoch, wer die Fragen stellt. Das sind in der Regel nicht die Friendly Faces, also diejenigen im Positivbereich der Gaußschen Kurve, die dir wohlgesonnen sind. Sondern es sind die Kritiker. Kritische Stimmen sind Weltmeister darin, dein mühsam während des Vortrags aufgebautes Ethos mit einer Frage oder einem Kommentar anzukratzen, im schlimmsten Fall sogar zu vernichten. »Also, wir haben das bei uns im Unternehmen eingeführt, und es war eine Katastrophe!«

Wenn irgendwie möglich, empfehle ich, Q&A-Sessions zu vermeiden. Es gibt jedoch Veranstaltungen, wie zum Beispiel IT-Konferenzen, da sind sie gesetzt. In dem Fall rate ich dazu, den Fragen-und-Antworten-Teil in den Vortrag zu integrieren, am besten nach der Wiederholung der Botschaft im Dach der Rede. Dies gibt dir die Möglichkeit, den Vortrag am Ende abzurunden und in deinem Sinne zu beenden.

Wiederhole nach dem Frage-und-Antworten-Teil das gesamte Dach mit Zusammenfassung, Botschaft, Handlungsaufforderung und schließe die Rede mit dem Regenrohr. Der letzte positive Eindruck ist somit gesichert.

Danksagung

Im August 2010 stand ich mit 1,27 Euro in der Tasche in der U-Bahnstation Rosenthaler Platz in Berlin. Das Ticket kostete 2,10 Euro. Neben mir mein alter, heruntergekommener grauschwarzer *Samsonite*. Ich dachte, »Das war's, ich schmeiß das Handtuch!«

Ich habe es nicht geschmissen, und das liegt vor allem an all den wahnsinnig tollen Menschen und Institutionen, die mich seit 2009 auf meinem rhetorischen Weg begleiten. Ohne sie hätte es dieses Buch nie gegeben. Danke, Danke, Danke!

September 2009, erst mein zweites Testtraining in der Karl-Liebknecht-Straße 5 am Berliner Alexanderplatz. Lukasz Gadowski und Kolja Hebenstreit, die Internetunternehmer, mitten drin. Beim Beck's danach meinte Kolja: »Du, wir haben doch dieses neue Magazin gegründet – *Gründerszene!* Willst du nicht eine Seminarreihe starten?« Einer der ersten Teilnehmer war Michael Kalkowski, Mitgründer von Gameduell.com. Michael war einer der Ersten, die an mich glaubten und mich weiterempfahlen.

Die Anfangszeiten waren schwer. Doch »Weiße Löcher«, positive Energieschleudern wie Trent zum Mallen, Holger und Henrik Sprengel, Timo Bütefisch oder Christoph Reisner motivierten mich mehr als alle Motivationsredner der Welt zusammen.

Großer Dank auch meinen Bamberger Kommilitonen Michael Springer und Gerrit Mauch. Sie stießen erste Türen zu Unternehmensseminaren auf. Dort lernte ich bald, stellvertretend für alle meine tollen Kunden, Daniel Braun kennen, einen Steve Jobs der Hotellerie. Er meinte: »Ich buche dich lieber jetzt, später kann ich dich nicht mehr bezahlen!«

Parallel lernte ich in Barcelona Conor Neill kennen. Unternehmer, Dozent für überzeugende Kommunikation an der renommierten IESE Business School und Ire. Seit 2011 bin ich dank Conor Gastdozent an der IESE. »Conor, you know I love you!«

Ohne Toastmasters International allerdings hätte ich meine rhetorische Reise erst gar nicht antreten können. Meine lieben Prestigious Speakers Barcelona, Ihr seid so viel mehr als ein Rednerclub für mich. Ihr seid Familie! Toastmasters hat mich auch zu den Menschen geführt, die mich als professionellen Redner und Trainer am meisten inspirieren: Jerzy Zientkowski, Peter Zinn, Mel Kelly, Tony Anagor, Tobias Rodrigues, Olivia Schofield und John Zimmer.

Mein Mentor und Freund Ralf Beunker ... »Danke, dass es dich gibt.«

Doch der größte Dank gilt meiner ganz speziellen Rose. »You were the light when it was dark. You were the hope when it was hopeless. You were the advice when I needed it most. You are amazing, I love you.«

Über den Autor

Florian Mück schloss sich 2005 einer Abordnung der Toastmasters International in Barcelona an und entdeckte dort als Referent und Redner seine Begabung für Vorträge. 2009 machte er seine Leidenschaft schließlich zum Beruf und startete das Seminar »The Seven Minute Star«. Heute arbeitet er mit der IESE Business School Barcelona zusammen. Seine inspirierenden Kommunikationsseminare, Keynote Speeches, Präsentationscoachings, und Moderationen sind inzwischen weltweit sehr gefragt.

Anmerkungen

1 Siehe www.toastmasters.org

2 Unter Feedback verstehe ich ausschließlich positive und konstruktive Kommentare. Negatives Feedback ist Gift für persönliches Wachstum und ist daher nicht Gegenstand dieses Buchs.

3 sinngemäß übersetzt aus dem Englischen: »If you really do want to be an actor who can satisfy himself and his audience, you need to be vulnerable. You must reach the emotional and intellectual level of ability where you can go out stark naked, emotionally, in front of an audience.«

4 Geschlossene Fragen bedingen eine Antwort mit »Ja« oder »Nein«.

5 MBA = Master of Business Administration

6 Organisiert von Toastmasters International

7 Siehe Schritt 8

8 https://de.wikipedia.org/wiki/Liste_rhetorischer_Stilmittel

9 KPI = Key Performance Indicator (eine Kennzahl für den wirtschaftlichen Erfolg eines Unternehmens)

10 de.wikipedia.org/wiki/Rhetorische_Frage

11 de.wikiquote.org/wiki/Deutsche_Sprichwörter

12 www.duden.de/rechtschreibung/Ethos

13 www.rhetoricgame.com

14 Als Apronym (von engl. apron, »Schürze«) bezeichnet man ein Akronym, das ein bereits existierendes Wort ergibt. Vgl. de.wikipedia.org/wiki/Akronym

15 Intonation (von lat. intonare »anstimmen« zu lat. tonare ,»donnern«)

16 vom lat. cohaerere »zusammenhängen«

17 de.wikipedia.org/wiki/Mind-Map

18 de.wikipedia.org/wiki/Staccato

19 Alle denken anders. Vgl. Gaußsche Kurve in Schritt 1.

20 David H. Maister, Charles H. Green, Robert M. Galford; *The Trusted Advisor*, Free Press, 2001

21 Vgl. duden.de/rechtschreibung/Konjunktion

Stichwortverzeichnis